Filosofia Elementar da Rosacruz Moderna

Filosofia Elementar da Rosacruz Moderna

J. van Rijckenborgh

Editora Rosacruz

Título original:
Elementaire wijsbegeerte van het moderne Rozekruis
Tradução da edição francesa
5ª edição revisada e corrigida
2003
IMPRESSO NO BRASIL

LECTORIUM ROSICRUCIANUM
ESCOLA INTERNACIONAL DA ROSACRUZ ÁUREA

Sede Internacional
Bakenessergracht 11-15, Haarlem, Holanda
site: www.rozenkruis.nl
e-mail: info@rozenkruis.nl

R572f

Rijckenborgh, J. van
Filosofia elementar da Rosacruz moderna / J. van Rijckenborgh. – 5. ed. – Jarinu, SP: Rosacruz, 2003.
256p.; 22cm

ISBN: 85-88950-01-4

1. Rosacruzes I. Título.

CDD: 135.43

Editora Rosacruz
Caixa Postal 39 – 13.240 000 – Jarinu – SP – Brasil
Tel (11) 4016.4234; fax 4016.3405
Site: www.editorarosacruz.com.br
e-mail: editorarosacruz@editorarosacruz.com.br

Índice

Prefácio

Este livro é destinado às pessoas que, sob o impulso da pré-memória de uma vida original divina, estão buscando orientação na filosofia universal da Rosacruz.

O conteúdo é uma adaptação de conferências proferidas entre 1944 e 1946.

Que este livro possa encontrar seu caminho em direção a inúmeros pesquisadores e prestar-lhes auxílio quando isto for possível.

J. van Rijckenborgh

As Três Faculdades que Devem Ser Despertadas

O interessado que manusear este livro buscando obter alguma noção da filosofia da Rosacruz moderna deve tomar consciência de que vai empreender um estudo árduo que exigirá toda a sua atenção e profunda reflexão. A filosofia da Rosacruz não emite conceitos gerais sobre a vida: na verdade, ela toca o aluno muito pessoalmente em sua própria existência. Durante a leitura, sempre se tem a impressão de que a Escola Espiritual está falando em particular com o leitor.

Esta forma direta, evidentemente, apresenta aspectos nem sempre muito agradáveis, podendo ocasionar, talvez, certo ressentimento ou mesmo irritação, mas sua enorme vantagem sobre outras formas mais correntes fez com que a preferíssemos. A leitura desta obra deverá causar inquietude: o tema deve ocupar a mente do leitor, abalar sua auto-segurança e, antes de tudo, cortar, como uma espada, seu interesse intelectual.

Quem entra em contato com uma literatura rosacruz fidedigna compreende que os que atuam na Escola Espiritual não têm absolutamente a intenção de demonstrar dons literários nem conhecimentos teóricos com a finalidade de sustentar interesses materiais: na verdade, eles estão empreendendo um trabalho a serviço da Escola Espiritual mesmo contrariando seus interesses particulares – o que acontece com freqüência.

O autor se dirige a todos, do seu campo de trabalho e de acordo com o seu estado de ser, para dar testemunho em nome da gloriosa e sublime Fraternidade da Luz. Esta Fraternidade é conhecida sob diferentes nomes, tais como: Escola Espiritual Hierofântica, Escola de Mistérios dos Hierofantes de Cristo, Igreja Interior, Ordem de Melquisedeque, Ordem da Rosacruz, e outros.

A nosso ver, todo aquele que estuda esta obra deve compreender que, nestas páginas, quem está se dirigindo diretamente a ele é essa Fraternidade. Este é um contato em que tanto a personalidade do autor quanto a estrutura do Lectorium Rosicrucianum como organização ficam em segundo plano. Assim, fica evidente que a Fraternidade da qual queremos dar testemunho não se apresenta a ninguém como sociedade, organização ou instituição religiosa.

Estamos falando de uma Escola. E o estudo deste livro coloca o leitor como que na antecâmara dessa Escola. No entanto, aqui o conceito "escola" deve ser tomado num sentido muito exclusivo. Nesta Escola, o aluno não se forma segundo um método intelectual; a consciência cerebral biológica não é exercitada; ele não presta exames, nem recebe diplomas.

A Escola da Rosacruz volta-se para três faculdades que, no misterioso sistema microcósmico do homem, parecem estar dormindo em sono letárgico. Apesar de todos os obstáculos, a Escola procura despertar essas três faculdades e impulsioná-las à atividade. Quando alguma dessas três faculdades começa a manifestar-se, o relacionamento desejado estabelece-se entre o aluno e a Escola. Ele experimenta, vê e conhece, de primeira mão, tudo o que a Escola quer lhe transmitir, tudo aquilo a que a Escola o quer ligar.

Estabelecido esse relacionamento fundamental, o aluno toma consciência de tudo o que a Escola lhe propõe. Compreende que o ensinamento da Escola Espiritual não é uma crença popular, mas um conhecimento positivo e claro. Não um conhecimento no sentido de acumular material sobre fatos, dogmas, frases, sistemas e hipóteses que nos deixam sempre de mãos vazias, mas um conhecimento no sentido de compreensão, discernimento e posse interior, irrefutável e absoluto.

Quando o relacionamento entre a Escola da Rosacruz e o aluno se desenvolve sobre essa base, já não se trata de obediência cega a uma autoridade, mas de um reconhecimento interior, de um seguir conscientemente o caminho já percebido no foro íntimo.

Três faculdades latentes devem, portanto, ser despertadas na vida do aluno: a faculdade da nova vontade, a faculdade da nova sabedoria, a faculdade da nova atividade.

O homem é possuidor de uma vontade, mas esta ou é desenfreada, ou experimental e especulativa. O resultado de um esforço da vontade é sempre incerto. E, mesmo que não fosse, a pessoa ficaria sempre na incerteza quanto aos eventuais imprevistos que poderiam surgir ou quanto às conseqüências da oposição que isto causaria. É assim que, pela simples atividade de sua vontade, o homem vive cercado de preocupação e medo. Aliás, a vontade humana nunca é libertadora. Além disso, está ligada aos valores do sangue, ou seja, depende inteiramente das possibilidades e forças presentes no sangue.

O homem também dispõe de certa sabedoria considerada no sentido de faculdade intelectual, capacidade cerebral de raciocínio. O aluno deve descobrir que, quanto a essa faculdade, o homem está na total dependência de tudo o que é exterior, isto é, visível nas três dimensões.

Não é sem razão que a Bíblia diz: "A sabedoria deste mundo é loucura diante de Deus". O conhecimento absoluto jamais pode ser o quinhão do homem que vive segundo os sentidos. O que chamamos de sabedoria é apenas um conjunto de considerações adquiridas de forma indefinida pelos sentidos e fortemente influenciadas e deformadas pela educação e pelo estado de sangue.

O homem desenvolve, ainda, certa atividade. Porém, o resultado dessa atividade não é extremamente aflitivo? Com efeito, o que é esta atividade a não ser "pão e circo"? A atividade do homem encontra-se inteiramente subordinada à luta pela existência, acompanhada de um pouco de divertimento e romantismo espiritual, segundo a natureza de cada um.

Essa trindade – vontade, sabedoria, atividade – tal como se desenvolve na natureza humana, está ligada também a um ardente instinto natural chamado cobiça. Essa mesma trindade ligada pela cobiça ou instintos naturais é igualmente responsável pelo aparecimento da consciência biológica, isto é, a consciência-eu, cuja propriedade mais característica é a autoconservação.

Autoconservação e cobiça são estados excessivamente especulativos e extremamente caprichosos em suas diversas manifestações. Quando a dura experiência nos decepciona, saltamos de um objeto para outro e, em nossa miséria, dançamos a sarabanda da natureza, tendo por parceiros as hipóteses e outras formas de ilusão. A maioria das tendências religiosas pode ser explicada pelas tentativas de autoconservação e pela cobiça.

Se o aluno percebesse claramente esse estado de coisas, sentiria a necessidade de uma mudança fundamental, ficaria enojado do seu estado atual e, em conseqüência, procuraria neutralizar sua cobiça e seu desejo de autoconservação.

Aqui pode surgir a pergunta: "Como desenvolver esse processo de neutralização?"

O aluno deve deixar de querer sua antiga vida. Deve renunciar ao saber ilusório que acumulou e abandonar o jogo dramático da cobiça e da autoconservação.

Certas pessoas julgam ser fácil realizar a mudança fundamental no que se refere à realidade ilusória da religião, da arte e da ciência. Elas descobrem rapidamente o lado especulativo das teorias religiosas, o aspecto não-libertador do que chamamos arte, e o lado desesperador e satânico da ciência. Mas é muito mais difícil para o ser humano desligar-se fundamentalmente de seus diversos instintos naturais, porque ele provém e vive da natureza. Os instintos naturais podem nos manter ligados à vida muito mais do que a religião, a arte e a ciência.

O aluno não deve se iludir a esse respeito. Ele ataca resoluta e corajosamente os empecilhos externos, quando muito mais proveitoso seria lutar contra tudo o que, de forma traiçoeira, arma ciladas dentro dele mesmo. Que o aluno da Rosacruz lembre-se disso, diariamente. Por exemplo, ele poderia empregar o machado espiritual contra as ambições sociais ou contra a terrível "ilusão-eu". Ora, tanto as ambições inferiores como a ilusão-eu geram o ciúme, um dos maiores flagelos de que sofre a humanidade.

"O ciúme é uma fúria", diz o poeta dos Provérbios. "Um fogo inextinguível", segundo o Cântico dos Cânticos. O ciúme é a possessão diabólica que gera ódio tão irreconciliável que, muitas vezes, se torna assassino. Por isso, é dito pelo poeta dos Provérbios, na Bíblia, que o homem preso a esse instinto natural "não aceitará resgate algum, nem se alegrará com presentes, por maiores que sejam". Se o próprio Deus quisesse estender-lhe a mão para fazê-lo subir ao céu, iria recusá-la, pois não a quer. Só deseja a ruína total, o fim de sua vítima; só deseja que a chama do ciúme a queime. E a esse resultado final dá nome de justiça.

A mudança fundamental deve, pois, atingir o homem em todos os seus instintos naturais. O aluno deve travar consigo mesmo uma batalha, uma luta de vida ou morte.

A mudança fundamental baseia-se no despertar das três novas faculdades de que fala a Escola Espiritual:

1. uma nova vontade, inflamada em Deus;
2. uma nova sabedoria, que torna claro o plano divino;
3. uma nova atividade, que contribui para a realização do plano de Deus.

Desde o início, estes três processos são empreendidos e levados a bom termo pela Escola Espiritual, com a colaboração do aluno. Eles constituem as chaves do novo vira-ser humano, num processo de renascimento, ao qual se subordina toda a moderna filosofia da Rosacruz.

O resultado desses três processos depende da mudança fundamental. E também do fato de que algo da reminiscência do seu estado espiritual original já fale ou esteja presente na consciência do homem. Em sua forma ou atividade, essa pré-memória pode estar deformada, desfigurada ou até mesmo mostrar-se perigosa, embora ela propicie ao homem um irresistível desejo de investigar o lado oculto das coisas. Essa pré-memória impulsiona o homem a buscar compreender o porquê de tudo – e para que e por meio de que tudo acontece. Desenvolve-se nele um poder dinâmico que, mais tarde, quando o caminho surgir, permitirá que ele vença uma infinidade de obstáculos.

A Escola Espiritual desenvolve no aluno: a nova vontade, por meio da lei espiritual; a nova sabedoria, mediante a filosofia da lei espiritual; a nova atividade, pela aplicação da lei espiritual.

A *lei espiritual* é a idéia divina que se encontra na base do mundo e da humanidade.

A *filosofia da lei espiritual* traz a idéia divina ao aluno. Ela ilumina a idéia diante da consciência do aluno e o faz compreender seu incomensurável afastamento da Pátria original. Ela o faz perceber a degenerescência humana em relação à idéia divina e lhe dá clara visão do caminho de retorno.

A *aplicação da lei espiritual* é a realização da idéia divina: o árduo e inevitável caminho de retorno, o romper com a natureza terrena e seus instintos, e o construir do novo homem.

A lei espiritual pode ser igualmente vista como Deus, do qual estamos desligados; a filosofia da lei espiritual, como Cristo, que, num amor infinito, emana de Deus para nos salvar e desce até nosso estado decaído; e a aplicação da lei espiritual, como Espírito Santo, que realiza o processo total do renascimento, colocando-o em execução e levando-o a um bom termo.

Uma Escola Espiritual fidedigna sempre pode ser reconhecida por jamais admitir quaisquer concessões quanto a esse processo tríplice.

Para o leitor, este livro poderá ter mero caráter informativo. Para aquele que desejar, porém, tornar-se discípulo da Escola Espiritual, é preciso, antes, compreender claramente a exigência da Escola: ela exige uma ascensão purificadora, regeneradora, um processo. Sem isso, a Escola não seria uma Escola Espiritual.

A Escola da Rosacruz deseja entrar em contato com todos os interessados e estabelecer uma aliança em bases livres e democráticas. O que a Escola espera de seus alunos, ela mesma o realiza como estado de vida, e nada será exigido do aluno que ele não possa realizar.

A Escola Espiritual é um campo de trabalho onde nascem ações, em conseqüência das quais as três forças divinas que emanam da Escola despertam no aluno as três faculdades latentes.

A interação entre as três forças divinas e o aluno faz com que ele queira o que a Escola Espiritual quer, saiba o que a Escola Espiritual sabe, cumpra o que a Escola Espiritual cumpre.

Assim, ele porá em prática uma autodisciplina constante e uma obediência consciente, livremente consentida.

Aqueles que, dessa forma, compreendem e experimentam os mistérios da Rosacruz, são animados por um grandioso entusiasmo e irradiam indomável energia e intensa alegria. Eles se colocam, com toda humildade, diante do fogo insondável da *lei espiritual*. Quando a *filosofia da lei espiritual* os toca, eles se acham de cabeça erguida diante da luz reveladora do amor universal. E quando a *aplicação da lei espiritual* vem exigir deles toda a atenção e toda a devoção, esperam, de braços abertos, o santo batismo da água viva da regeneração divina.

A Hierarquia de Cristo ou Escola Espiritual

Vamos agora dedicar um exame mais profundo a um ponto importante, delineando de modo concreto o que seja essa idéia aparentemente abstrata: Escola Espiritual.

Na Escola Espiritual manifestam-se e desenvolvem-se três forças que, em todas as religiões mundiais, são atribuídas ao grande Ser divino. A vontade divina é ligada à idéia "Pai"; a sabedoria divina, à idéia "Filho"; e a atividade divina, à idéia "Espírito Santo". Por isso, na Escola Espiritual nós nos ligamos com Deus e com as três forças que d'Ele emanam. Na Escola Espiritual nós nos aproximamos do Pai que nos encontra em seu Filho e que por seu Espírito Santo nos impulsiona para o caminho da regeneração.

Assim, na Escola Espiritual o aluno encontra, de primeira mão, o Espírito Santo, o consolador, que testifica de Jesus Cristo. Na Escola Espiritual o aluno também vivencia o encontro com o Cristo atual, livre de todo preconceito histórico e dogmático. O aluno na Escola Espiritual também vivencia o coração do Pai que se revela ao filho pródigo reencontrado.

A seguir, esperamos poder provar que não se trata de alucinação mística nem de injustificável glorificação da

Escola Espiritual, mas de um claro conhecimento e de uma necessária disposição de pensamento. No entanto, para que o aluno possa compreender as bases racionais do nosso ponto de vista, torna-se indispensável que esteja preparado para pensar de modo totalmente independente, livre de tradições e autoridades.

Podemos afirmar que, na Escola Espiritual e por meio dela, poderão ter fim as intermináveis especulações que prevaleceram através dos séculos sobre Deus, Cristo e Espírito Santo. Na Escola Espiritual e por seu intermédio, o conceito e a percepção interior com relação à existência de Deus podem adquirir uma sólida base científica.

O que é possível saber de primeira mão, nos meios religiosos naturais em geral, sobre Deus, Cristo, Espírito Santo e outras forças a que a Bíblia faz menção? Sobre estes conceitos, falam devota e convictamente e os teólogos pretendem ter a esse respeito um profundo conhecimento. Tudo, entretanto, é mera especulação e se resume em fé especulativa, baseada na autoridade da Bíblia e das igrejas. Na realidade, não se sabe nada.

O que o homem religioso sabe e sente a respeito de Deus e das forças divinas? Reduzindo as experiências particulares da fé às suas justas proporções, quase nada mais resta do que especulação, emoção e repetição servil. A hereditariedade que se revela na essência do sangue e a perpétua vitalização de uma imagem-pensamento coletiva são as causas mais profundas por detrás da vida religiosa das massas. Tanto um passado eventualmente harmonioso e suave, assim como os hábitos, um ambiente místico e uma tendência mística podem fazer com que conservemos um comportamento exterior e especulativo como algo sagrado. Mas, para sermos sinceros, devemos reconhecer que tudo isso nos deixa sempre de mãos vazias.

Estamos convictos de que, através da Escola Espiritual, o ateísmo e a falta de religião de incontáveis pessoas podem também acabar. O passado da Igreja e suas práticas, a conduta dos sacerdotes e de outros líderes religiosos e até o modo de agir de milhões dos assim chamados crentes religiosos têm afastado inúmeras pessoas de um verdadeiro culto divino. E assim, no sangue do natural antagonismo entre as pessoas e também pelo sangue delas foi sendo formada, aqui e ali, uma geração sem nenhuma religião. A negação praticada por estas tem tanto ou tão pouco valor quanto a submissão dos crentes religiosos.

Somos de opinião que, de modo geral, já não se pode falar de religião, no sentido superior, libertador. É por isso que uma nova orientação religiosa, com novas diretrizes espirituais, deve preparar o caminho para a elevação verdadeiramente espiritual do mundo e da humanidade.

Somente o homem que busca realmente poderá compreender como esta orientação religiosa deverá se tornar nova e universal depois de um profundo estudo do ensinamento universal*, tal como ela é revelada na Escola Espiritual.

É por meio da Escola Espiritual que vivenciamos e experimentamos a atividade e a presença das três forças divinas onipresentes. Tomamos consciência do desvelo que elas têm para conosco e para com o mundo. Por meio da Escola Espiritual estabelecemos a ligação com essas três forças, o que nos permite dar o nosso teste-

* Ver glossário

munho, por vivência pessoal, e por visão e saber pessoais da presença de Deus no presente, de Deus em nós e de Deus no mundo. Para tanto, não necessitamos de textos nem de autoridade religiosa, como também não podemos impor ou legar tal condição a nossos filhos.

Quem estuda os mistérios da Rosacruz compreenderá que não temos, de modo algum, a pretensão de querer dar uma concepção absoluta de Deus. Apenas testificamos de Deus manifestado na carne, isto é, das forças divinas e do toque divino que devemos chegar a conhecer e experimentar e dos quais podemos nos aproximar de baixo para cima.

O Logos sempre se manifesta através de sua criação e de sua criatura. E quando chegamos a descobrir por que meio se revela por sua criação e criatura, compreendemos ao mesmo tempo o processo divino de redenção, e também como esse processo quer manifestar-se a nós. Tal manifestação jamais pode ser limitada ou dogmática, jamais pode ser contida num livro, e nem sequer pode ser expressa em palavras. Por isso, o homem que põe os pés na senda sempre permanece aluno: sua compreensão mantém-se sempre aquém da manifestação. Conseqüentemente, quando o aluno fica se agarrando ao conhecimento e não se abre à manifestação, logo se apodera dele o intelectualismo cristalizante.

Quando nos aproximamos da sabedoria que está em Deus, entramos em um eterno avançar, de horizonte a horizonte. É sobre essa base filosófica que a Rosacruz quer servir à humanidade.

Desde a origem dos tempos existe uma Hierarquia divina que se revela no homem e através dele. A tríplice manifestação divina, sobre a qual já falamos, opera através dessa Hierarquia humano-divina. Esta Hierarquia é composta de entidades que, em um passado remoto, permaneceram fiéis por ocasião da grande tentação que desencadeou a queda da humanidade, e também de entidades que regressaram ao seu destino original depois deste acontecimento.

Portanto, essa Hierarquia nos toca de muito perto. Ela forma o corpo vivo do Senhor. Cresceu através de eões até se tornar um poderoso organismo. E está se tornando cada vez mais forte, visto que, de tempos em tempos, novas partes viventes vêm incorporar-se a esse corpo sublime.

Como essa Hierarquia sempre se manifesta em harmonia com o Ser e o plano divinos, ela é invariavelmente influenciada e iluminada pelas três forças divinas, cósmicas e supracósmicas. Pode-se dizer, e o aluno o sente como profunda verdade, que Deus revelou-se à humanidade através da Hierarquia.

Considerando que a Hierarquia provém da corrente de vida humana, torna-se claro para o buscador sincero que, por essa razão, ela possui fortes laços de sangue com todos aqueles que vagueiam na natureza terrestre. Assim sendo, as forças divinas, através dessa Hierarquia, mantêm também uma ligação de sangue com toda a humanidade. Conseqüentemente, a intervenção de Cristo, como atividade do Logos, não pode ser limitada a um período histórico de apenas dois mil anos, uma vez que se trata de um contato eterno.

O que se deve ver em Jesus Cristo é um novo impulso das forças crísticas, uma nova manifestação de Cristo que utiliza a Hierarquia para este fim. Ao mesmo tempo, a manifestação de Jesus chama a atenção para um fato marcante e único de salvação, pois em Jesus a força divina penetra até o âmago das forças sangüíneas humanas. Jesus era um de nós! Por isso o aluno que o compreende pode dizer: "Em Jesus Cristo, Cristo tornou-se um de nós". E, desde então, e de pleno direito, podemos denominar a Hierarquia divina de Hierarquia de Cristo*.

Essa Hierarquia de Cristo ou Escola Espiritual é, assim, um organismo poderoso, grandioso e vivente, composto de muitos membros que, embora possuindo individualidades muito desenvolvidas, são unos de modo absoluto no espírito e nas aspirações. Essa Escola Espiritual ou Hierarquia de Cristo penetra todos os domínios da matéria e do espírito, e é vivente e onipresente. Nós a denominamos Deus manifestado na carne. Ela é tudo em todos: nenhum ser humano pode evitá-la. Ela forma necessariamente o único caminho, a única Escola, a única possibilidade para a verdadeira libertação.

Podemos dizer isso sem despertar a impressão de estreiteza de espírito ou de sectarismo. Esta formulação tem a intenção de fixar no coração a intervenção crística universal e é totalmente lógico que, depois da manifestação de Jesus, a Escola Espiritual se faça chamar segundo a cruz do Senhor e ajude o aluno a fixar na cruz a rosa vermelha da realização.

O aluno, portanto, não deve prender-se a fatos históricos. Não lhe é necessário examinar minuciosamente todos os textos, nem se preocupar com todas as querelas teológicas e filosóficas. Portanto, que outros estudem as dissensões espirituais que reinam neste mundo e se entretenham com a questão de saber quem possui ou não a verdade. Para ter o direito de falar, aquele que estuda os mistérios não precisa digerir dissertações dogmáticas ou graduar-se numa universidade.

Existe, aqui e agora, um Ser Crístico vivente que se manifesta direta e hierarquicamente à humanidade. Esse

* Ver glossário

Corpus Christi compõe-se de milhares de membros e também é denominado Igreja Invisível*. Ele irradia centelhas de glória e de luz em todos os domínios da matéria e do espírito. Ninguém escapa à atividade desse Ser, pois, graças a um sistema supra-inteligente e complexo, todos os homens são indiretamente influenciados pela Escola Espiritual.

Além disso, quando o aluno ainda possui o que denominamos pré-memória, a reminiscência da antiga glória perdida, e a disposição para a mudança fundamental, existe a possibilidade de uma ligação direta com a Fraternidade Hierárquica. Quando essa disposição para a mudança fundamental se manifesta de modo fiel e perseverante nos atos cotidianos da vida, o aluno segue o caminho que o conduz à ligação com a Escola Espiritual. Essa ligação significa a admissão na Hierarquia de Cristo, tornar-se membro vivente da Igreja de Cristo.

Após essa leitura, é possível, muito provável mesmo, que o leitor fique cético e em expectativa. Esses ensinamentos, entretanto, sempre foram dados através dos séculos, embora freqüentemente sob aspectos velados ou truncados, e por vezes, ao contrário, em linguagem mais do que clara, porém incompreendida. Todas as grandes religiões mundiais deram testemunho da existência dessa Hierarquia, desse corpo divino que se manifesta no homem e por seu intermédio. Todas as religiões conheceram e mencionaram entidades pertencentes a esse corpo vivo que trabalharam e lutaram a partir dele, num perfeito estado de santidade e de forças.

Todas as religiões tiveram seu panteão de libertos e isso muitas vezes gerou confusão e situações falsas e arriscadas.

* Ver glossário

Cabe aqui menção à religião natural, com seu culto medieval de santos e suas práticas clericais que, segundo um arbítrio exclusivamente exotérico e razões político-religiosas, ou mesmo sem elas, proclamou algumas entidades como pertencentes à Hierarquia de Cristo, afastando outras talvez mais meritórias. Foi assim que nasceu um panteão formado e desenvolvido pela arbitrariedade terrena para sustentar interesses clericais. Dessa maneira, imitando a Hierarquia de Cristo, surgiu uma hierarquia clerical.

A respeito disto, temos de mencionar o bramanismo, o budismo tibetano e o islamismo que, também com seu panteão de santos, degeneraram em religiosidade puramente formal, engendrando perigo idêntico.

A Reforma, como reação natural contra a decadência católico-romana, declarou guerra, com razão, ao panteão de santos e aos seus efeitos desastrosos, repelindo, assim, a hierarquia clerical de Roma. Entretanto, reconheçamos que, ao mesmo tempo e por ignorância, o protestantismo rejeita e nega a essência da Hierarquia de Cristo e, tal como em outras questões, põe em dúvida a verdade.

A Hierarquia de Cristo é inteiramente anônima em sua essência, pois os membros viventes do *Corpus Christi* são unos com Ele. Encontrando um ou mais membros dessa Hierarquia, podemos, quando muito, supor que estamos com essa ou aquela entidade. Eles, porém, sempre se apresentarão apenas como servidores de Cristo, servidores da Escola Espiritual. Assim, o perigo da formação de um panteão de santos por parte da massa ignorante é evitado.

Pela explicação que acabou de ser dada, esperamos ter tornado tangível a tríplice essência divina que atua na Escola Espiritual e por seu intermédio, em prol da libertação da humanidade. Esperamos tê-la mostrado como um valor real que pode ser apreendido direta e concretamente no presente, por todos e cada um de nós, sem necessidade de recorrermos a alguma autoridade ou à história.

Se agora, em consideração ao leitor, tomarmos da Bíblia, constataremos que nada dissemos que ali não possa ser verificado.

Todavia, não é apenas por ser encontrado na Bíblia que isto é verdadeiro, pois mesmo que nela não constasse, não seria menos verdade. O aluno deve elevar-se acima da autoridade das escrituras e de qualquer outra autoridade religiosa. Então, a verdade dentro dele se libertará e sempre se fará reconhecer onde quer que ela se apresente.

Portanto, podeis consultar a Primeira Epístola aos Coríntios, cap. 12, e a Epístola aos Efésios, cap. 5, nas quais se fala dos "membros do seu Corpo". Vejamos, a seguir, diferentes sentenças do filosófico Evangelho de João: "Viremos a ele, e faremos nele morada"; "Permanecei em mim, e eu permanecerei em vós"; "Todas as minhas coisas são tuas, e as tuas são minhas"; "Nelas sou glorificado"; "Eu lhes dei a glória que a mim me deste, para que sejam um, como nós somos um. Eu neles, e tu em mim"; "Pai, desejo que onde eu estou, estejam comigo também aqueles que me tens dado".

Ao pronunciar essas palavras, Cristo não se referia ao homem terreno, nem à organização que na terra se denomina Igreja, mas se referia àqueles que n'Ele libertos da terra, são, por vezes, denominados na Bíblia como eclésia, o que significa Escola Espiritual.

Por isso, com íntimo agradecimento, podemos comunicar que desde o dia 20 de agosto de 1953 tornou-se um fato a união com a corrente magnética da Fraternidade Universal, na qual nossa Jovem Fraternidade

Gnóstica foi aceita como participante.

Desde que começamos nosso trabalho, mediante a mudança fundamental e o impulso espiritual da pré-memória, nos colocamos sob a lei espiritual, sob a filosofia da lei espiritual e sob a aplicação da lei espiritual. Desse modo, nos harmonizamos com a Hierarquia de Cristo, a Escola Espiritual, para nos elevarmos até ela, de baixo para cima, mediante magia e iniciação.

Magia

Para evitar qualquer mal-entendido fatal e obter uma justa compreensão da Magia, queremos chamar a atenção para o fato de que, quando tratamos neste capítulo sobre magia branca, estamos nos referindo à magia gnóstica, às suas atividades, aos seus métodos e àqueles que a exercem, e não à pretensa magia branca da dialética*, que pertence ao domínio do ocultismo. A magia gnóstica é o trabalho a serviço da e na força da Hierarquia, portanto realizado em benefício da salvação da humanidade.

Ao consultarmos uma enciclopédia, querendo nos documentar sobre a palavra "magia", esta nos remeteu à palavra "feitiçaria". Magia seria a "pretensa arte que possibilita a realização de coisas sobrenaturais, por meios misteriosos" e "por via de regra, admite-se que a magia era praticada por povos não civilizados". Mais adiante constava que os gregos e babilônios reconheciam na magia certo fundo de sabedoria e que especialmente os neoplatônicos viam nela um meio de elevação espiritu-

* Ver glossário

al. O texto dessa obra de consulta dá a entender que talvez a magia cuidasse de fenômenos muito interessantes num passado remoto, mas que não tem validade científica hoje em dia. Tudo o que foi exposto a este respeito pelos eruditos compiladores nos pareceu pouco realista e falso e revela uma ignorância tão grande da matéria, que tornamos a fechar a enciclopédia.

Inútil seria nos admirarmos com isso, pois, se quisermos conhecer algo de essencial, de verídico, sobre a Magia, não será nossa biblioteca que nos trará a solução; porém precisamos nos aprofundar no ensinamento universal. Ora, o ensinamento universal não é um livro, mas o segundo aspecto da atividade divina: é a filosofia da lei espiritual, a Luz que nos explica o plano do Pai.

Sem dúvida, existem livros bons e sérios que tratam da filosofia universal, mas a verdadeira compreensão, a profunda penetração, a concepção justa e a visão direta do conjunto resultam da pré-memória e da mudança fundamental.

Magia, compreendida em sua essência, nada mais é que a reconstrução e a aplicação de uma posse e de faculdades originais. Com efeito, o homem era, no princípio, um verdadeiro filho de Deus e possuía poderes maravilhosos em estado de perfeição e em livre desenvolvimento; era perfeito como nosso Pai Celestial é perfeito.

Comparado ao de outrora, o homem de hoje é apenas uma caricatura, uma imagem aviltada de um estado luminoso perdido. Observemos, de passagem, que consideramos falsa a idéia de uma livre evolução, de um desenvolvimento automático em espiral, de nossa humanidade atual. Mais adiante voltaremos a falar sobre isso.

Os participantes da Hierarquia de Cristo permaneceram em seu estado luminoso de outrora, ou a ele retornaram em diferentes graus de desenvolvimento. Eles são o testemunho vivo de que Deus se manifesta através de sua criação e de suas criaturas.

Se compararmos estas entidades, em seu tríplice aspecto de vontade, sabedoria e atividade, com os homens da massa, a diferença torna-se realmente extraordinária.

Verdadeiramente, esses homens livres ou novamente libertos estão na perfeita posse de suas faculdades e forças naturais, enquanto nós, em nosso estado atual, somos sub-humanos. O caminho de retorno, o renascimento gradual em nossa verdadeira natureza divina, é um desenvolvimento oculto conhecido como *Ars Magica*, ou arte mágica, ou como *Reconstructio*, a arte real. Todos aqueles que, de baixo para cima, se aproximam da Hierarquia de Cristo, guiados pela pré-memória que trazem em seu sangue e também pela mudança fundamental, vêm a exercer a arte real, alimentados pela tríplice força de radiação divina que parte da Hierarquia.

Falamos de preferência de arte real, esta arte real da construção, porque as palavras e conceitos referentes a ocultismo e magia foram corrompidos em virtude de seu uso incorreto. É por isso que evitamos empregá-los, na medida do possível.

Todos aqueles que, de baixo para cima, se aproximam da Escola Espiritual, são chamados a se tornar reis e sacerdotes, em concordância com a Palavra do Senhor e conforme é dito em todas as religiões mundiais. Em outras palavras: eles são chamados a serem protetores e guardiães das forças e valores divinos e a irradiá-los do mais profundo do seu ser. Assim, eles se tornam os representantes de Deus em todos os domínios da matéria e do espírito. Daí o significado de serem chamados ao verdadeiro sacerdócio. Eles são chamados a desenvolver e a realizar, numa glória dinâmica e perfeita, tudo o que Deus destinou para o homem: a verdadeira realeza.

Desnecessário é dizer que esse sacerdócio e essa realeza se confundem. O verdadeiro sacerdote é também verdadeiro rei, e um rei como este dará testemunho do verdadeiro sacerdócio. A sentença do Sermão do Monte, dirigida por Cristo a seus discípulos, adapta-se perfeitamente ao que acabou de ser dito: "Vós sois a luz do mundo"; "Assim resplandeça a vossa luz diante dos homens, para que vejam as vossas boas obras, e glorifiquem a vosso Pai, que está nos céus".

Quando falamos de nosso discipulado na Escola, nos referimos a este desenvolvimento real e sacerdotal que forma um todo. A aprendizagem dessa arte real está evidentemente submetida a um desenvolvimento processual, cujos fundamentos encontram-se no impulso espiritual da pré-memória e na mudança fundamental.

E assim, nesse processo, o aluno vê claramente o grande objetivo a atingir:

1. tornar-se o que Deus quer que ele se torne e ser o que Deus quer que ele seja;
2. ingressar no estado luminoso da Hierarquia de Cristo;
3. trabalhar com todos os libertos a serviço do grande Mestre, para a salvação do mundo e da humanidade.

Esse alvo, por si mesmo, garante a rejeição de toda a volição pessoal e deixa todo egocentrismo em segundo plano, colocando à frente unicamente o grande objetivo divino, representado impessoalmente pela Hierarquia de Cristo e seus inúmeros membros anônimos.

A base de toda a verdadeira magia branca, ou magia gnóstica, é a *Reconstructio,* realizada no aluno e por meio dele, a serviço do Grande Plano.

Já que estamos falando de magia branca, é evidente que admitimos a existência de uma magia negra. Além dessas duas, citamos também a magia cinzenta, a magia negativa e a magia forçante.

A magia negra é exercida com a intenção expressa e consciente de se apropriar dos resultados para fins egoístas; ou ainda, é a magia exercida para fins absolutamente maus e até mesmo criminosos.

A magia cinzenta é exercida numa base puramente experimental e os resultados são empregados para fins exclusivamente terrenos.

A magia negativa, apesar de não objetivar nada de mau, experimental ou material, é uma tentativa de alcançar a realização sem aceitar as implícitas exigências ligadas ao discipulado – e portanto jamais poderá conduzir ao serviço do grande objetivo.

A magia forçante é a forma especial de magia cinzenta e negativa que conduz sempre a estados indesejáveis e doentios.

O pesquisador ou aluno que é impulsionado pela pré-memória mas não tem como alvo a mudança fundamental devido a uma individualidade muito forte, ou em conseqüência de forte ligação à matéria, incorre em todas essas formas de magia não-branca, com seu cortejo inevitável de perigos. Um ser humano como este sempre deixará de lado as indicações e orientações da Escola Espiritual.

É absolutamente certo que todos aqueles impelidos pela pré-memória consciente serão postos em contato com os servidores da Escola Espiritual, num momento determinado, pois estes são enviados para despertá-los para a nova vida. Também é certo que, quando um homem portador da pré-memória consciente rejeita essa mão que lhe é estendida, infalivelmente cai na magia negra, cinzenta ou negativa. Desse modo, ele realizará exatamente o contrário daquilo que a sua pré-memória lhe fez entrever e irá em direção a uma queda ainda mais profunda na angústia deste mundo de trevas e de ilusões e a uma ligação mais inexorável à roda do nascimento e da morte.

Diz-se que a cada candidato são dadas duas oportunidades de trilhar o caminho da libertação. No caso de não se utilizar delas, não lhe será dada uma terceira chance nesta vida. O único meio capaz de levá-lo a um estado de consciência mais purificado e amadurecido será o imenso sofrimento que acompanha o mergulho ainda mais profundo na matéria.

A magia negra não ignora nada disso. Seus servidores estão completamente conscientes de seu pecado: sem possibilidade de salvação, estão indo ao encontro de sua perdição. Com efeito, o mago negro está fechado num círculo vicioso, pois, desde o momento em que se entrega à prática de um ato de magia negra, vê-se obrigado a cometer uma segunda experiência para proteger-se das conseqüências da primeira. E assim, vai de mal a pior.

Operando em mais de um domínio da matéria e do espírito a fim de defender sua causa, os magos negros associaram-se para combater, tanto quanto possível, a magia branca. Na verdade, eles sabem muito bem que um dia a perseverança da magia branca irá pôr um fim na magia negra. É o que faz com que todo mago negro tenha medo e devote ódio mortal à Fraternidade Universal, pela mesma razão que as trevas fogem da Luz.

Pode-se formular aqui a seguinte pergunta: "Por que a Fraternidade Branca, bem mais poderosa que a negra, não destrói essa maldição das trevas?" A resposta é que a Fraternidade Branca jamais empreende luta com a negra. A Branca não luta. A Branca realiza a intenção divina, na certeza absoluta de que as trevas acabarão por se autodestruir.

A lei do amor que abarca todo o cosmo é infinitamente forte e inatacável, assim como são todos os que a ela se submetem. As palavras do salmista: "Ainda que eu ande pelo vale da sombra da morte, não temerei mal algum, porque tu estás comigo; o teu bastão e o teu cajado me consolam", dão testemunho do espírito e da realidade em que vivem e trabalham os servidores da Fraternidade Branca.

Eis por que a Escola Espiritual, que traz a lei do amor, jamais se impõe. Ela não força a humanidade, pois a reação espontânea em face da lei do amor realiza-se em liberdade como conseqüência de um despertar interior, de um tornar-se consciente. Só então o amor adquire todo o seu valor.

Às vezes, a Escola Espiritual conduz a determinadas situações ou prepara certas circunstâncias com a finalidade de levar os homens ao conhecimento, à compreensão, ao despertar. Mas os seres humanos jamais são coagidos, pois somente o despertar interior e o tornar-se consciente podem conduzi-los à libertação.

Por ter medo e desejar a autoconservação, a magia negra abusa do método universal da lei do amor praticado pela Fraternidade Branca. Assim, tanto quanto possível, desvia do caminho da salvação os homens em geral, e os pesquisadores e alunos em particular, levantando em seu caminho barreiras, entraves e armadilhas, enquanto eles não tenham ainda sido libertos completamente pelo amor. No entanto, isso não representa para o aluno um obstáculo intransponível, pois, quando ele tem consciência de sua fraqueza, o auxílio sempre lhe será enviado, se for solicitado corretamente. Assim, somente cairá aquele que interiormente o desejar.

É compreensível que essa resistência, esse trabalho dissimulado das forças negras e essa especulação sobre a natureza inferior do homem não-liberto impeçam e retardem artificialmente o progresso da luz vitoriosa. Segundo o nosso pobre parecer humano, "os moinhos de Deus podem moer lentamente", mas, de qualquer forma, fazem-no com perfeição.

A magia cinzenta e a negativa dependem sempre de auxiliares. É assim que elas abusam consciente ou inconscientemente de ciências mágicas ou semimágicas, tais como: astrologia, espiritismo, magnetismo, hipnotismo (estudaremos essas quatro semimagias mais adiante).

Pela magia forçante, que pertence à categoria da magia cinzenta ou negativa, as pessoas se esforçam para atingir certos resultados através de ervas, exercícios respiratórios e de concentração, por meio de defumadores (incenso), bola de cristal, etc. Quem emprega esta magia, geralmente ignora os imensos perigos aos quais se expõe. Em um outro capítulo descreveremos os perigos do incenso para as massas. Quando confrontada com a realidade da iniciação, a magia forçante revelará toda a sua negatividade. No capítulo seguinte estudaremos o que a Escola Espiritual Cristã entende por iniciação.

Para finalizar, no que se refere à ciência da realeza e do sacerdócio, recomendamos a todos aqueles que ainda têm dúvidas e vêem na Bíblia a autoridade incontestável da qual não se podem privar que se reportem ao Evangelho de João, 16:25: "Disse-vos essas coisas por parábolas. Chega, porém, a hora em que vos não falarei mais por parábolas, mas abertamente vos falarei acerca do Pai"; e ao Apocalipse 1:6: "E fez de nós reis e sacerdotes para Deus, seu Pai..."

Permitam-nos ainda acrescentar que tudo aquilo que se encontra nas escrituras sagradas é dito em linguagem indireta. Só poderemos apreender e assimilar seu verdadeiro significado, bem como o plano de Deus para com o mundo e a humanidade, à medida que formos impulsionados pela pré-memória e preparados pela mudança fundamental por meio da *Ars Magica,* que é a arte real e sacerdotal, e que, dessa forma, nos voltemos para a vivente e atuante Hierarquia de Cristo. Então, tudo o que compreenderemos e receberemos será tão admirável, tão grandioso, tão magnífico, que todos os livros da terra seriam insuficientes para conter todo este conhecimento.

Iniciação

Quem tem o interesse voltado para a Escola Espiritual dos Hierofantes de Cristo pode aproximar-se dela se for verdadeiramente impulsionado pela pré-memória; se, com base na pré-memória, empreender a mudança fundamental e nela perseverar e, dessa forma, se abrir e abrir caminho para a verdadeira magia e para a verdadeira iniciação.

Agora, desejamos concluir tudo o que expusemos anteriormente e tentaremos apreender e aprofundar o essencial do conceito iniciação. Por iniciação entendemos a admissão gradativa na Hierarquia, o selamento sacramental das faculdades e forças do homem original no novo homem renascido. Estas forças e faculdades, este novo estado de ser, estão preservados e protegidos pela Hierarquia como mistérios. Nestas forças e faculdades, neste novo estado de ser, distinguimos sete aspectos:

1. um conhecimento absoluto, uma sabedoria absoluta. Não devemos confundi-lo com o estudo e a compreensão intelectuais de determinada filosofia. Este conhecimento, esta sabedoria absoluta, é o acesso interior ao ensina-

mento universal. É o reconhecimento interior, o ver através do luminoso plano de Deus;
2. tendo por base essa elevada razão interior, tornar-se uno com a força divina, numa consciente comunhão interior com o Senhor, com a Hierarquia;
3. o desabrochar da verdadeira vontade do homem. Ou seja: a perfeita sintonia da vontade humana com a vontade divina. Nada querer, a não ser o que Deus quer que queiramos. Isso não significa uma subordinação disciplinar da vontade pessoal, mas a sua harmonização, tendo por base a razão iluminada e a comunhão íntima com Deus;
4. realizar a purificação e a dinamização desses três desenvolvimentos, ligando-se a um campo de trabalho e colocando a nova aquisição a serviço de uma tarefa, de uma missão, a favor da Grande Obra;
5. a mudança estrutural segundo a consciência, a alma e o corpo, como coroamento do processo do renascimento;
6. a serviço da Grande Obra de libertação, entrar em contato fraternal com a humanidade de modo totalmente diferente do antigo;
7. como parte integrante de Cristo, do *Corpus Christi,* da Hierarquia, ingressar na libertação absoluta como sacerdote-rei.

Podemos compreender os três primeiros aspectos como o maravilhoso nascimento do novo homem. O quarto aspecto, como a oblação da vida e o caminho da cruz do novo homem. O quinto aspecto, como a ressurreição do novo homem. O sexto aspecto, como sua ascensão. O sétimo aspecto, como a efusão do Espírito Santo no novo homem.

Tudo o que pertence a esse processo, com suas conseqüências, não pode ser negado a ninguém. O caminho da realização está aberto para cada um de nós, desde que queiramos preencher as condições. Como dissemos antes, todos os mistérios são protegidos. Portanto, eles devem ser oferecidos a nós; devemos ser ligados a eles sacramentalmente pela Hierarquia, através de um de seus enviados. Este procedimento não pode ser dispensado. É preciso proteger os mistérios a fim de evitar desastres. Com efeito, certas faculdades e certas forças não podem ser desenvolvidas em segurança a não ser no novo homem, pois, se colocadas em mãos incompetentes ou malévolas, poderiam causar catástrofes espantosas.

No entanto, a plena liberdade de trilhar a senda dos mistérios é assegurada a todos aqueles que realmente têm boa intenção, conforme dita a lei: "Quando o discípulo está preparado, o Mestre aparece". Esta sentença é um axioma magnético que exclui definitivamente qualquer discriminação ou fraude. Ninguém poderá ser impedido de prosseguir.

É claro que existem, na iniciação, diferentes graus ou níveis. A iniciação é uma ascensão, passo a passo, como a subida de uma montanha ou de uma escada com muitos degraus: é uma ascensão empreendida sob a égide de inúmeros auxiliares e com ajuda organizada cientificamente. A esse respeito, a loucura da ilusão-eu gerou conceitos absolutamente errôneos. O fato de querer ser "livre", custe o que custar, rompeu mais de uma ligação, cheia de promessas, em inúmeros alunos.

Para muitos, o conceito "iniciação" é estranho e mal definido. A verdade e a realidade deste conceito, porém, estão arraigadas em todas as religiões mundiais, e também muito profundamente no cristianismo. Sem este conceito, o cristianismo como caminho para o alto não teria valor. Infelizmente, o saber relacionado com a iniciação foi completamente depreciado pelo catolicismo e rejeitado pelo protestantismo.

A natureza e o processo de admissão na Hierarquia estão amplamente descritos na Bíblia. A Hierarquia ou Escola Espiritual é chamada no Novo Testamento de eclésia, vocábulo que foi traduzido como "igreja". Dessa maneira, quando as igrejas citam Paulo falando em eclésia, as pessoas são vítimas de formidável mistificação ao pensar que se trata, nesse caso, de uma comunidade eclesiástica, conforme agora existe.

O assunto que estamos abordando exige que nos concentremos em dois estados e atividades da iniciação. O primeiro, importante para o aluno, é a *Consecratio;* o segundo, fundamental para todos aqueles que se aproximam do campo de atividade do aluno, é a *Benedictio*. A *Consecratio* é a iniciação, a ligação entre a Escola e o aluno. A *Benedictio* é a ligação entre o iniciado e o profano. A *Benedictio* abre o caminho à *Consecratio*.

Mesmo que seja evidente, vamos dizer: tanto a *Benedictio* como a *Consecratio* não podem ser obtidas por meio de dinheiro, ou graças à nossa posição social, nem por escolha arbitrária ou qualquer coisa parecida. Também não dependem de um cerimonial mais ou menos longo, com a finalidade de impressionar o aluno novo. Aquilo que numa iniciação às vezes parece tratar-se de um cerimonial, em realidade é um processo mágico.

Em tudo vale a lei conhecida: "Quando o discípulo está preparado, o Mestre aparece". Somente a qualidade interior do candidato, desenvolvida com base na pré-memória e na mudança fundamental, é determinante e decisiva.

Quando alguém é compelido pelo impulso espiritual da pré-memória e sai em busca do seu destino, quando começa a compreender seu estado de abandono e solidão e pressente subconscientemente as magníficas riquezas e indizíveis belezas que o aguardam, então emana desta pessoa uma vibração magnética que se intensifica à medida que aquilo que ela busca começa a clarear dentro dela, como, por exemplo, durante a leitura de um livro que estimula seu anelo interior. Esta vibração também pode ser intensificada fortemente pelo que denominamos "oração" – pois o que é orar senão projetar para o alto o nosso estado interno (nossas carências, idéias, nossa gratidão ou alegria), em imagens-pensamento que partem do coração? Esta vibração magnética sempre atrai uma resposta concordante, consoante com a vibração emitida. Se a prece for primitiva e egoísta, a resposta será uma reação que não traz ao interessado nenhum alívio, mas, ao contrário, o agravamento do seu estado. Se contiver ódio, a resposta será um sofrimento enorme, ardente como queimadura. Trata-se da atividade de uma lei natural, de um reflexo automático.

Ora, chega o momento em que a vibração emitida pelo homem impulsionado pela pré-memória atinge certa qualidade, pois nela se encontram elementos verdadeiramente não-terrenos. Se o caso for este, a imagem-pensamento será interceptada pela Hierarquia, e, como reflexo natural, virá uma resposta pessoal. Porém, esta resposta, este auxílio pessoal, apresenta-se sempre de forma impessoal. Ou seja, freqüentemente sem que perceba, o candidato estará sendo guiado: ele será posto em contato, de uma forma ou de outra, com um mensageiro que age na esfera material em nome da Hierarquia. Este enviado é um ungido pela Hierarquia, alguém que recebeu o poder de abençoar e selar. Ou, em outras palavras, alguém que pode realizar, por sua ligação direta com o candidato, a ligação indireta do candidato com a Hierarquia. Isto é a *Benedictio*.

Portanto, o obreiro enviado projeta para frente a sombra da Escola Espiritual. E é assim que o candidato, entrando na sombra de tudo o que está para acontecer, vê delinear-se diante dele a senda para o alto, um caminho que é preparado com ilimitado amor para ele – um caminho à altura de suas forças. É absolutamente indispensável que compreendais com exatidão o que significa esse caminho na sombra: o candidato encontra-se na sombra do enviado; o enviado, na sombra da Hierarquia e, assim, ambos encontram-se na sombra do Senhor, na sombra da trindade divina.

Este significado da palavra sombra não é invenção do autor, mas é conhecido em todas as religiões mundiais. Do Gênesis ao Novo Testamento, fala-se freqüentemente em sombra, algumas vezes no sentido comum da palavra, outras, em seu sentido gnóstico. No Salmo 121 é dito: "O Senhor é a tua sombra à tua mão direita". Essas são palavras dirigidas aos iniciados e relacionadas com a ligação da *Consecratio*. Nos Atos dos Apóstolos, cap. 5, é dito: "A ponto de transportarem os enfermos para as ruas, e os porem em leitos e macas, para que, ao passar Pedro, ao menos sua sombra encobrisse algum deles". Aqui, a ligação deve ser compreendida no sentido da *Benedictio*.

Quando um homem se encontra na força irradiada pela Hierarquia, pelo Sol espiritual*, e é tocado por um raio da luz universal, esta força é transmutada nele e de novo irradiada. Nisso consiste a sombra que ele projeta e que, portanto, representa um certo poder. Caso esta sombra pertença a alguém que conscientemente faça

* Ver glossário

parte da Hierarquia e trabalhe a seu serviço, este alguém terá "uma sombra à sua mão direita", o que significa que pode e deve usar positivamente a força nele transmutada num bem espiritual a serviço da Luz.

Portanto, quando o homem doente (o homem em seu estado dialético) encontra-se em uma sombra como esta, neste campo de força, ele é conduzido à cura. Muitas vezes, esta cura representa um longo e dramático processo. Para o candidato que realmente segue o caminho, e, portanto, como resultado da *Benedictio*, nasce um contato cada vez mais íntimo com a Hierarquia, até chegar o momento de sua cura. Então, a *Benedictio* transforma-se em uma subida para a *Consecratio,* a entrada na Hierarquia. Neste momento, em concordância com a lei da vida interior, o discípulo que agora foi enobrecido pela *Consecratio* encontra a seu lado o Mestre que o conduzirá à fase da iniciação.

Desejamos esclarecer bem um ponto que talvez tenha ficado obscuro: a inexorabilidade do processo que acabamos de descrever. Na verdade, não há outro caminho! Apesar de ser negado pelo protestantismo e desvirtuado pelo catolicismo, este continua sendo o único caminho! Por quê?

O Criador se manifesta por sua criação e sua criatura. Esse é o plano divino. E uma vez que a Hierarquia consiste em criaturas libertas na força do Pai, e a tríplice força divina é exaltada na Hierarquia em geral e em Jesus Cristo em particular, que é sua cabeça e Espírito, a Hierarquia é a guardiã de todos os mistérios divinos e vem a nós como a sombra da luz universal una, através de cabeças, corações e mãos humanos.

Essa realidade foi também reconhecida filosoficamente por todas as religiões mundiais. Vamos nos contentar com algumas citações bíblicas:

"Ninguém vem ao Pai, senão por mim."

"Sem mim, nada podeis fazer."

"Foi-me dada toda a autoridade no céu e na terra."

"Quem me segue, de modo algum andará em trevas, mas terá a luz da vida."

Ora, como é Cristo quem se aproxima do mundo e da humanidade por meio da Hierarquia, não podemos evitar nada da atividade dessa Hierarquia. Para nós, esta porta poderá parecer estreita, mas é a única. Depois de atravessá-la, entraremos na verdadeira liberdade.

O método do processo descrito nada tem de ditatorial, nem de autocrático. Ele é perfeitamente democrático. Trata-se da *Sancta Democratio*, já que se baseia na lei tão freqüentemente citada: "quando o discípulo está preparado, o Mestre aparece". Assim sendo, torna-se evidente para o aluno porque a *Benedictio* não pode ser dispensada e pouco importa a forma com que se apresente. No entanto, ela sempre vem a nós por meio de seres humanos, pois é através deles que Deus opera.

No que se refere à *Benedictio,* isto é, à atividade da Hierarquia na esfera material, com o passar dos séculos foram seguidos dois métodos: um método experimental e um método direto.

Através da história do mundo podemos ver que, em conseqüência do nascer, crescer e morrer de todas as coisas, o estado de consciência da humanidade foi sempre se alternando por uma série de estados de sonolência, seguidos regularmente por estados de semiconsciência.

O último estado de um certo despertar espiritual desenvolveu-se por volta do século XIII.

Agora, em nossa época, setecentos anos depois, mais um novo período de despertar espiritual está começando. Este período de vir-a-ser da consciência espiritual é sempre introduzido pela Hierarquia que utiliza o método experimental, seguido, no momento psicológico, do método direto.

O método experimental é caracterizado por uma torrente de literatura esotérica, por inúmeros movimentos esotéricos experimentais, mediante uma sétupla atividade experimental de projeção de sombra. O obreiro que, nesse estado, deve realizar a *Benedictio*, encontra-se em posição neutra diante do resultado eventual, pois ele não é de sua responsabilidade. O único objetivo deste método de trabalho experimental é promover o despertar.

Como já foi dito, este método é substituído, no momento psicológico, pelo método direto. A corrente de luz espiritual se reforça tanto, torna-se tão potente e dinâmica, que os obreiros que realizam a *Benedictio* de baixo para cima, portanto, em país inimigo, podem empreender um imenso trabalho mágico com um poder de expansão incompreensível para o profano.

O grande objetivo dessa magia direta é formar, neste mundo, o núcleo de uma fraternidade mundial estática e, através dela, criar um novo campo de vida.

Esse grandioso objetivo também foi atingido no século XIII e suas conseqüências foram tão formidáveis que, até hoje, sete séculos depois, ainda ouvimos seus ecos. Os membros dessa Fraternidade entraram na libertação. Tornaram-se membros da Igreja Invisível de Cristo e, como participantes da Hierarquia, aguardam com especial atenção aqueles que, no século XX, são chamados a dar novo passo em direção à libertação final da humanidade.

Aqueles que são chamados estão ocupados em reunir suas forças. Uma tropa de Gedeão foi formada e continua a crescer. O tempo de ação chegou.

Que é Iniciado?

Depois da leitura do capítulo anterior, compreendemos que ainda resta muito a dizer sobre o assunto iniciação. Uma das perguntas mais importantes que se poderá fazer depois de uma reflexão sobre o tema é "o que é submetido à iniciação?", pois a resposta chama a atenção para a essência da atividade do verdadeiro rosacruz. Alguns acreditam que somente uma certa parte da personalidade humana pode ser iniciada. Outros pensam que a forma corpórea, por inteiro, elevada a um estado de sublimação, pode chegar à iniciação. Outros, ainda, crêem que a forma corpórea deve ser totalmente negada e que só se deva levar em consideração a elevação da alma na Luz. Outros cogitam puramente uma renovação espiritual.

Estes conceitos e opiniões divergentes testemunham a confusão geral existente em matéria de iniciação e justificam a pergunta: "Afinal, que é iniciado?"

Respondemos: não é um corpo físico, nem um corpo eventualmente regenerado, nem uma alma purificada e também não é uma figura puramente espiritual. O conceito de "iniciação no corpo" se refere a algo totalmente diferente. A Hierarquia não tem o menor interesse pelo homem dialético, mesmo que ele seja vegetariano, abstenha-se de álcool e qualquer outro narcótico, viva de modo puro e humanitário e que, além disso, siga todas as leis esotéricas.

Denominamos homem dialético o ser humano nascido e criado nesta ordem de natureza, ligado à roda do nascimento e da morte, ligado ao ciclo contínuo de todas as coisas daqui – nascer, crescer e morrer – ligado à lei que sempre atrai e faz surgir o seu oposto.

É totalmente impossível para um homem como esse, dialético segundo a consciência, a alma e o corpo, tornar-se um homem do reino estático. Ou seja: um homem que está na Hierarquia e nela vive; um liberto que vive na magnificência eterna de Deus. Mesmo possuindo uma pré-memória profunda, mesmo que ele ache que está fundamentalmente mudado e tenha grandes tendências mágicas, o homem dialético, qualquer que seja seu estado de desenvolvimento, não pode ser participante da Escola Espiritual: "Carne e sangue não podem herdar o reino de Deus"!

Todas as grandes religiões mundiais ensinam, tanto exotérica como esotericamente, que "Deus não faz acepção de pessoas". Deus e a Hierarquia não têm o menor interesse pelo senhor fulano ou pela senhora beltrana, e mesmo se o senhor isto ou a senhora aquilo se esforçarem por uma consagração e um desenvolvimento mágicos, o resultado será nulo, como sempre o foi através dos tempos. Porém, se falamos ainda de iniciação no corpo, é evidente que aí se oculta um mistério. Não um mistério propositai, mas uma noção que se tornou incompreensível em conseqüência da interpretação humana errônea e da falta de conhecimento dos sacerdotes e teólogos, que são ilustradas pelas palavras de Jesus a Nicodemos, referentes ao renascimento: "Tu és mestre em Israel e não entendes estas coisas?"

Ora, existe um processo de renascimento, indicado no prólogo do Evangelho de João, que não é explicável nem pelo sangue ou pelo sangue renovado, nem pela vontade ou pela vontade renovada da carne, nem pela vontade do homem. Em outras palavras: o homem dialético não toma parte nele, de modo algum! O verdadeiro novo homem não pode nascer de um processo eugenético espiritual pela vontade do homem.

Na Escola não há acepção de pessoa. O que entendemos por pessoa ou personalidade? A personalidade é a parte da manifestação humana em que distinguimos: o corpo material, o corpo etérico, o corpo de desejo, e a faculdade mental. Também chamamos estes quatro aspectos reunidos de forma corpórea. Ainda pertence à personalidade ou forma corpórea uma parte da alma chamada alma terrena ou alma-sangue.

Mais adiante falaremos, pormenorizadamente, desses aspectos, assim como da forma psíquica e da forma da consciência. Tenhamos em mente, no momento, que esta personalidade ou forma corpórea – mantida em coesão pela alma dialética – não pode ser aceita pela Escola Espiritual, nem pode sê-lo a forma psíquica, nem a forma da consciência.

Faça o que fizer, essa personalidade não poderá ser tomada como base de uma vida na ordem mundial estática. Realmente, a personalidade atual encontra-se estruturalmente em um estado de absoluta discordância com a personalidade do homem original. A diferença não está somente na densidade, na diferença de vibração, mas numa diferença estrutural, atômico-orgânica, que impede a personalidade atual de entrar no reino de

Deus. "Carne e sangue não podem herdar o reino de Deus". Isto é cientificamente impossível!

Por isso, a palavra de João se aplica àquele que deseja participar da Escola Espiritual: "Se alguém não nascer da Água e do Espírito, não pode entrar no reino de Deus". Neste caso, a palavra água é indicada no sentido de substância-raiz cósmica, ou matéria cósmica original. Portanto, no mesmo sentido é empregado na Bíblia, no livro Gênesis: "O Espírito de Deus pairava sobre a face das águas".

Aqui, Espírito refere-se ao núcleo espiritual divino, ao núcleo da consciência universal, que deve ser revivificado dos mortos. É dessa maneira que a sentença de Cristo citada acima demonstra a necessidade da ressurreição do homem original: para que ele possa retornar à Pátria perdida.

O homem original está atualmente ligado a uma personalidade terrena que não é compreendida no plano original de Deus, que lhe permite expressar-se no mundo dialético material, mas que é desta natureza e nela permanece. Assim, compartilha com ela a sorte do perecível, da decomposição e da morte ininterrupta de tudo o que, aqui, é chamado à vida.

Portanto, essa personalidade é mortal. Ela não deve e não pode ser conservada. É por isso que – e esse é o grande mistério – o espírito nascido de Deus, que geme e sofre neste mundo decaído e está acorrentado ao rochedo da dialética, se vê obrigado a construir uma personalidade nova, celeste e original, para a sua libertação e para retorno à obediência ao plano de Deus.

Essa nova personalidade deve ser construída na personalidade antiga, que é a personalidade dialética. Ela é também denominada o corpo celestial, o verdadeiro novo homem.

Somente aqueles que dispõem de semelhante personalidade em construção são considerados aptos para a iniciação. Iniciação é a construção estrutural e potencial, a expansão e utilização dessa nova personalidade.

Todo este processo é realizado sob a égide da Escola Espiritual. Assim, o homem que se torna cônscio dessa nova e crescente personalidade dentro de si pode dizer, tal como Paulo na Segunda Epístola aos Coríntios: "Porque sabemos que, se a nossa casa terrestre deste tabernáculo se desfizer, temos de Deus um edifício, uma casa não feita por mãos, eterna, nos céus. Pois neste tabernáculo nós gememos, desejando muito ser revestidos da nossa habitação que é do céu". E ele também transmite a outros essa esperança: de que sejam encontrados revestidos e não nus, por ocasião da morte do corpo material.

Portanto, não se trata de um processo automático natural, mas de um desenvolvimento que somente se realiza através de grande esforço, "em temor e tremor". No homem que erigiu em si esse tabernáculo eterno realizam-se as palavras do Apocalipse: "E ouvi uma grande voz, vinda do trono, que dizia: Eis que o tabernáculo de Deus está com os homens". Só então seremos possuidores de uma personalidade que é verdadeiramente um templo do Espírito Santo.

O desenvolvimento dessa nova personalidade é um longo processo que pode ser dividido em três estágios: a concepção, a fase embrionária e o nascimento. Todos estes três estágios estão sob o amparo e a direção da Hierarquia, segundo a palavra de Cristo: "Sem mim, nada podeis fazer".

Os dois primeiros estágios, a concepção e a fase embrionária, realizam-se por meio da *Benedictio*. O terceiro, o do nascimento, é o estagio essencial da iniciação, que apresenta sete aspectos, já descritos no capítulo anterior e que resumimos abaixo:

1. o novo saber, o nascimento da nova faculdade mental;
2. a consciente comunhão com o Senhor, o desenvolvimento da nova faculdade mental por meio da nova irradiação do coração: o pensar com o coração;
3. o desabrochar do novo ser da vontade, a formação do novo corpo de desejo;
4. a colaboração efetiva entre a cabeça, o coração e a vontade, exteriorizando uma nova atividade: o nascimento do novo corpo etérico;
5. o nascimento do novo corpo material;
6. a união da nova personalidade com a alma-espírito;
7. a união da nova personalidade com o Espírito divino: a vitória.

Aqueles que se encontram nesse processo de santificação cristã (a iniciação), testemunham, como Paulo na Segunda Epístola aos Coríntios, capítulo 4: "Por isso não desfalecemos; mas ainda que o nosso homem exterior se esteja consumindo, o interior, contudo, se renova dia-a-dia. Porque a nossa leve e momentânea tribulação produz para nós cada vez mais abundantemente um eterno peso de glória; não atentando nós nas coisas que se vêem, mas sim nas que se não vêem; porque as que se vêem são temporais, enquanto as que se não vêem são eternas".

Assim, descobrimos que um novo Adão vai se formando no velho Adão. Enquanto ainda prisioneiros do corpo dialético, ocupados com as necessidades da vida comum, como comer, dormir, trabalhar e outras atividades terrenas, o crescimento do verdadeiro novo corpo prossegue, sem impedimentos.

O número de pessoas que possuem essa nova personalidade em qualquer estágio de desenvolvimento ainda é bem restrito: podemos contá-las. Para elas, é fácil negar a consciência-eu e mudar o centro gravitacional da vida, visto que se tornaram impessoais. Esta nova personalidade é indispensável a todos os verdadeiros obreiros espirituais, para que possam trabalhar neste mundo.

Afinal, só aqueles que a possuem podem ser utilizados no trabalho da *Benedictio*. É possível afirmar com segurança que todos aqueles que se encontram na antecâmara da Escola Espiritual receberam, em virtude da *Benedictio,* a semente necessária à concepção: por isso, espera-se que eles façam frutificar essa semente. Aqueles que tomam por base a consciência-eu e, infelizmente, trabalham com a vontade da velha personalidade, de uma forma ou de outra chegarão a um impasse, pois, apesar de todo o seu esforço, jamais poderão ultrapassar o estado dialético. Como a vontade da velha personalidade nunca é libertadora, seu trabalho jamais será de Cristo. Como é grandioso descobrir e perceber, apesar da personalidade exterior corruptível, o crescimento do homem eterno e perceber "Deus na carne". E assim vemos desenvolver-se, no corpo, a verdadeira iniciação.

Inúmeros foram os caminhos pelos quais os homens tentaram chegar à libertação, sem que possuíssem a nova personalidade. Por meio de todo tipo de exercícios, os seres humanos tentaram deixar de lado a parte mais cristalizada da velha personalidade para chegar ao conhecimento superior e à iniciação. Trabalharam apenas com os veículos mais sutis, provocando a divisão da personalidade. Conseguiram, no máximo, um pouco mais de conhecimento intelectual, mas permaneceram bem distantes do elevado conhecimento libertador e da verdadeira iniciação.

Alguns místicos e certas ordens monásticas tentaram espiritualizar a personalidade terrestre através da penitência e da ascese. Chamamos isto de cultura da personalidade. Disso podem resultar fenômenos como os comprovados em Geert Groot, Eckhart e outros. Sabe-se que alguns santos e outros esteios da hierarquia religiosa natural atingiam certo estado de êxtase espiritual por meio de jejum, estados voluntários de extrema pobreza e outras experiências de mau gosto. É evidente que, em tais casos, não há libertação, nem iniciação na Hierarquia de Cristo.

Para terminar, citemos os métodos e sistemas mágicos orientais, com sua negação às vezes total da matéria e da personalidade dialética, os quais também não trazem possibilidade de libertação.

Apesar de ainda habitarmos um templo corrompido e precisarmos construir um novo templo para chegar à libertação, devemos tomar nosso velho templo como base temporária, pois ele é a nossa única posse. É neste templo dialético e por seu intermédio que devemos construir o novo templo e com ele trabalhar.

Por essa razão, Cristo não desdenhou "assumir a condição de servo" e, partindo de uma personalidade dialética, mostrar-nos o caminho da libertação. O obreiro da Escola Espiritual segue a Cristo pelo mesmo caminho. O aluno principiante que reconhece e aceita a realidade de sua condição deve colocar o velho templo num estado tal que as forças da natureza ofereçam a menor resistência possível. É por isso que é preciso reformular a vida, realizar uma reforma que deve ser vista somente como mero apoio natural ao grande objetivo.

Por enquanto, possuímos apenas o velho templo com todas as suas limitações, dores e sofrimentos inerentes a essa posse, como único recurso para nos manter no universo. Portanto, precisamos esvaziar até a última gota o cálice do nosso estado dialético.

Involução - Evolução

Tudo o que falamos nos capítulos anteriores deve ter mostrado ao leitor que o caminho que conduz à iniciação não é fácil de ser trilhado. Assim, mais uma vez se ouve o lamento: "Não sabia que era tão complicado e tão difícil!" E isto é perfeitamente compreensível, pois está em concordância com a angustiada pergunta dos discípulos: "Senhor, quem pode, então, ser salvo?" Isto atrai também nossa atenção para o trecho do Sermão do Monte onde Cristo exorta seus discípulos, dizendo: "Entrai pela porta estreita" e acrescenta: "porque estreita é a porta, e apertado o caminho que conduz à vida, e poucos são os que a encontram". Tudo isso deve ter deixado claro como é profunda a queda do homem no abismo desta ordem de natureza.

Esta queda foi designada, na filosofia teosófica, pelo nome de involução, ou descida na matéria. Assim, uma vez atingido o ponto mais profundo da materialidade, o homem participaria da evolução, da subida, da espiritualização, da libertação – o que seria o caso da humanidade atual já há alguns séculos. Essa evolução obedeceria a uma linha espiral: se esse caminho parecesse muito longo, indicava-se outro mais curto – o da iniciação – que equivalia mais ou menos a um verdadeiro trem expresso.

Dentro desse prisma, tomava-se o humanitarismo, a civilização, o intelectualismo, o interesse pelas coisas esotéricas como sinais de evolução. Porém, este modo de ver está em absoluta contradição com a realidade e provém de uma interpretação errônea da sabedoria original, causada por conhecimento incompleto ou de segunda mão.

Partia-se da suposição que, como havia involução incondicional, também haveria evolução incondicional. Acreditava-se que, em seu conjunto, a involução representasse uma espécie de aprendizado da humanidade. Seria como uma extraordinária peregrinação desejada pelo Logos, e esta viagem deveria – naturalmente, e tudo segundo a vontade de Deus – conduzir a um retorno evolucionário à Pátria. Seria um mergulho na matéria, segundo a vontade de Deus, seguido da ascensão da matéria, também segundo a vontade de Deus. Assim era vista a marcha da humanidade. Olhava-se com certo desdém para "o mundo dos espíritos virginais", composto de entidades que não tinham ainda empreendido o primeiro passo no caminho da involução. Não eram tão corajosos quanto nós! Permaneciam em casa. E nós, já tão longe!...

Que estamos longe, isso é verdade. Mas, em que sentido, ainda não se tornou bem claro para a massa de cegos. A finalidade deste livro é conscientizar o leitor quanto ao verdadeiro estado em que nos encontramos. E marcar em seu cérebro, com letras de fogo, essa dura realidade, nada lisonjeira e freqüentemente tão amarga, a fim de que isto sirva de estímulo para uma resolução bem consciente. E também para que sirva como ponto de partida para uma mudança total de vida.

Jamais existiu involução incondicional e muito menos evolução incondicional! É preciso que nos familiarizemos com a idéia de que a nossa pretensa involução poderia muito bem ser uma queda, uma catástrofe, como conseqüência do pecado original. Com efeito, o ensinamento universal nos esclarece – e isso pode ser confirmado por pesquisas – que se trata mesmo de uma queda: de uma verdadeira descida num terrificante abismo. Todas as religiões mundiais relatam esta queda e a encontraremos descrita em todos os mitos e lendas nela inspirados, bem como em inúmeros sistemas filosóficos de segunda e terceira mãos que derivaram dela.

O mundo dos espíritos virginais realmente existe. Porém, as entidades que nele habitam não são virgens de conhecimentos, de experiências e de desenvolvimento espiritual, mas virgens de pecado, de cristalização e de morte! Esse mundo dos espíritos virginais é o mundo humano original, compreendido no plano de Deus. É a ordem de Deus, o reino dos céus (não confundir, principalmente, com o suposto céu dos cristãos exotéricos, nem com o país do verão dos espíritas, a respeito do qual voltaremos a tratar quando falarmos sobre a esfera refletora). Esse mundo está situado num dos campos do nosso cosmo planetário. Este cosmo se compõe de sete domínios de existência que formam, juntos, uma grande esfera. Nosso mundo é um desses sete campos.

O mundo humano original é um domínio de felicidade eterna, absoluta. Nele, a humanidade realiza o plano de Deus, em obediência perfeita. Este Plano se encontra na base do mundo e da humanidade. Esta obediência não deve ser tomada como docilidade cega, mas no sentido de espontânea colaboração consciente, numa livre união de amor com Deus. Nesta união, toda vontade dinâmica humana, na qual o fogo divino está potencialmente presente, está em harmonia com a vontade de Deus. Nesse estado de ser, o homem jamais deseja empregar sua faculdade volitiva de maneira experimental, especulativa ou forçada.

Imaginemos o seguinte estado: trata-se de um homem em perfeita posse de suas faculdades originais; de um homem que é capaz de expressar o Verbo criador: "Falando, cria; ordena e é obedecido".

Essas faculdades são maravilhosas quando se desenvolvem num quadro de livre união de amor com Deus, como sob a mão de Deus. Entretanto, caso alguém empregasse essas faculdades divinas de modo experimental, especulativo ou forçado, a conseqüência seria uma catástrofe que afetaria todo o universo.

Diante de nossos olhos, vemos desenrolar-se uma nova tragédia desta natureza, pois o homem, em seu desenfreado e experimental instinto de autoconservação, apropria-se de materiais cósmicos e entrega-se a experiências de desintegração atômica para adaptar energias cósmicas às suas finalidades pessoais arbitrárias. Quando emprega sua vontade desta maneira, por inconsciência ou por negação das relações cósmicas, ele é como uma criança brincando com uma granada.

Refletindo sobre o que acabamos de expor, podemos compreender um pouco a catástrofe que nos atingiu, na ocasião da Queda. O homem empregou seus poderes divinos criadores de modo forçado, arbitrário e experimental. A volição humana tornou-se uma vontade desenfreada; o livre arbítrio, uma vontade abusiva; e assim, as forças liberadas escaparam ao controle humano.

Ora, as escrituras sagradas dizem que "Deus não abandona a obra de suas mãos". Mas devemos nos lembrar de que isso não se aplicava somente a nós, mas também a toda a Criação. O resultado da rebelião do homem foi que a Criação teve de ser protegida (o mundo, a humanidade, o universo, etc.). Por isso é que o raio de ação do homem foi restringido, embora tenha sido deixada aberta para ele a possibilidade do retorno ao estado original, desde que a obediência a Deus fosse reconhecida e vivida por livre consentimento.

A humanidade foi expulsa do mundo celeste, não como punição pelo pecado da rebelião cometido, mas para a proteção de tudo o que havia sido criado – inclusive como proteção do homem contra si mesmo. A involução, a descida na matéria, começou a partir desse momento. Não como uma peregrinação compreendida no plano de Deus para aquisição de experiência, mas, sim, como a conseqüência de uma revolução cósmica: a involução decorrente da perda de seu estado de filho de Deus, a involução resultante de uma infidelidade deliberada.

Por conseguinte, nesse caso é claro que não se pode falar de evolução incondicional, assim como a involução também não foi incondicional. Efetivamente, houve muitas entidades que conseguiram manter-se no domínio original de vida por sua livre obediência à união voluntária de amor: foi assim que formaram o núcleo da hierarquia humano-divina.

Para nós, que participamos da queda, a involução foi, de fato, incondicional, porque nos rebelamos contra a lei divina e não aproveitamos as oportunidades de retorno.

Quais foram as conseqüências imediatas da queda? O primeiro resultado foi que o espírito humano, a centelha divina dinamizadora de tudo, foi isolado. As asas do homem rebelde partiram-se e ele caiu do céu. A partir desse momento, a humanidade em involução foi transferida para um domínio no qual viu seu estado divino reduzido à condição semidivina. Esse novo estado é tecnicamente indicado na filosofia universal por: "a consciência foi deslocada da forma espiritual para a forma psíquica": a consciência foi ligada ao sangue.

Quando o mal se propagou nesse novo estado humano em decorrência da vontade desenfreada, o plano de emergência divino de involução num estrato inferior da terra foi conduzido com maior rigor. Nessa nova e definitiva peregrinação involutiva o homem perdeu sua configuração original.

A personalidade celeste foi-lhe retirada e, conseqüentemente, o espírito perdeu suas faculdades e forças divinas, que eram suas forças vitais segundo o estado divino. Nessa involução então iniciada, a consciência tornou-se apenas uma consciência biológica, animal: um estado aparentemente humano, no qual só lhe era possível danificar a si mesma, segundo sua nova manifestação natural.

Esse novo processo de involução começou pelo estabelecimento das bases de uma nova personalidade, não-divina. Todos os ensinamentos esotéricos antigos iniciam a descrição da marcha da humanidade nesta fase da queda. No período chamado de Saturno foi estabelecido o núcleo de um novo corpo físico; no período solar, o núcleo de um novo corpo vital; no período lunar, o núcleo de um novo corpo astral; no período terrestre, o núcleo de um novo corpo mental.

Hoje, esse processo está concluído. Possuímos uma personalidade, uma forma corpórea, mas não aquela intencionada no plano de Deus, nem como aquela que possuímos outrora. Mesmo assim, ela nos foi dada para que possamos, com base nela, encontrar o caminho do retorno.

No entanto, essa personalidade possui certa consciência que não é a consciência corpórea com suas faculdades originais – sem falar da verdadeira consciência psíquica e da consciência espiritual!

Estamos acorrentados ao duro rochedo deste mundo, com grilhões forjados por nós mesmos. Com o último remanescente de epigênese e o mínimo de livre-arbítrio que nos foi deixado, vociferamos como demônios, inventamos monstros mecânicos, violamos a vida natural, exploramos uns aos outros. E, assim, consumamos a degradação geral deste estrato de vida.

Agora ficou claro por que uma personalidade como esta não pode ser aceita pela Escola Espiritual? Ficou evidente por que não se pode cogitar da regeneração dessa personalidade, visto que ela mesma é um produto degenerado do homem original? Compreendeis, pois, que o caminho de retorno deve ser totalmente diferente? Que deve ocorrer uma transmutação da personalidade envolvendo a neutralização do produto degenerado e, ao mesmo tempo, a regeneração do homem original?

Portanto, a evolução não é incondicional, mas depende de nossa resolução e de nossos atos. Muitas coisas devem ocorrer antes que se possa falar, para nós, em evolução.

Mas Deus não abandona a obra de suas mãos. O ensinamento universal – a Hierarquia de Cristo e toda a sua influência sobre o mundo e a humanidade – desceu com Adão. As religiões mundiais e uma enorme falange de profetas e obreiros dão testemunho disso. Todos eles atuam na pré-memória do homem e o chamam constantemente. O homem carregou esta pré-memória da vida original em sua queda. Contudo, para a grande maioria, o desejo de existência na matéria é tão forte que a pré-memória imergiu nas profundezas do subconsciente. Enquanto o caso for esse, quase nada se pode fazer a favor da pessoa em questão. Mas, ao tomar consciência de sua pré-memória, poderá elevar-se dentro dela a resolução de abandonar sua comida de porcos e retornar ao Pai, como o filho pródigo.

Nesse estado de ser, a Escola Espiritual toca-o, e começa a fase da concepção: a semente é plantada pelo trabalho da *Benedictio*. Todavia, não se trata de crescimento incondicional: a parábola do semeador nos fará compreender isto muito bem. O candidato deve trabalhar com grande e intenso interesse. A ele é pedido que colabore em todos os sentidos, em esforço contínuo. É por isso que este livro não oferece um passatempo intelectual: sua única finalidade é ajudar a semente divina a desabrochar.

Esta semente é uma *força*, uma possibilidade de desenvolvimento que não se encontra na imagem do verdadeiro homem, caído num sono mortal, nem no eu desnaturado. Essa semente-força é uma dádiva da Hierarquia que, na força de Cristo, estabelece um laço de sangue com o candidato. Pela reação espontânea deste ao toque, a semente pode desenvolver-se, pois a força lhe é dada juntamente com o toque. É assim que, após a fase da concepção, inicia-se a fase embrionária, na qual se acham as bases da nova personalidade celeste.

À medida que essas bases se consolidam, a alma-espírito desperta no homem e nele começa a falar. Por isso, nele se fazem sentir as exigências da nova vida que conduzem o aluno a um conflito de várias fases e a uma profunda crise de seu ser – porque as forças da nova vida, que estão sendo desenvolvidas nele, atacam fundamentalmente a sua personalidade dialética. Ora, visto que "carne e sangue não podem herdar o reino dos céus", o aluno deve executar a sentença em seu próprio ser terreno e, coerentemente, perseverar na demolição do seu eu. A partir deste ponto, com a proteção contínua da *Benedictio,* inicia-se uma intensa atividade que leva a uma mudança fundamental. Este processo tem numerosos aspectos, e exige orientação minuciosa e cada vez mais profunda: um novo campo de vida e de conhecimento precisa ser descoberto.

Terminamos este capítulo salientando que, de acordo com o plano de Deus em relação ao cosmo, existe, efetivamente, uma evolução incondicional. E que, em relação a isso, o tempo que nos é concedido tem limites. Um programa de desenvolvimento foi incluído neste plano divino de auxílio à humanidade decaída e compreende aspectos que se sucedem sistematicamente.

É assim que entramos num novo período: o período da colheita. Dentro desse novo período de tempo limitado teremos de tomar nossa decisão. O homem que possui a pré-memória, em sua condição de filho pródigo, está colocado diante da escolha de retornar ou não ao Pai. Se ele se lembrar da exortação de Cristo: "Sem mim, nada podeis fazer", deverá perceber que, fora da Hierarquia de Cristo, ele nada pode, realmente, visto que é ela quem deposita nele a semente da renovação.

E mais: devemos levar em consideração que a atual marcha descendente da humanidade não está necessariamente concluída.

Há uma nova catástrofe prestes a acontecer. Em suas atividades persistentes e cegas, empreendidas por vontade própria, o homem se apropria de materiais de construção cósmicos e quer, como ocorre com a fissão nuclear, servir-se deles para seus propósitos pessoais de autoconservação. Os efeitos dessas atividades perturbarão o equilíbrio cósmico existente e tornarão impossível a vida sobre a terra, nas formas atuais.

Que a certeza de um caminhar em queda cada vez mais profunda da humanidade terrestre possa ser, para vós, mais uma razão para vos elevar e fazer-vos sair deste estado, mediante vossa decisão e vossos atos.

A Roda do Nascimento e da Morte

O fato de pertencermos àquela parte da humanidade que, por um processo de involução, mergulhou num estrato inferior de nossa terra, coloca-nos diante de uma série de conseqüências. A principal é a seguinte: precisamos nos reintegrar ao domínio da vida humano-original pelo caminho da transfiguração. Biblicamente falando, este é o renascimento pela Água e pelo Espírito, que é a reconstrução do corpo celestial de uma personalidade totalmente nova e imperecível. Esse caminho, como já o dissemos, é aquele que, baseado na pré-memória e na mudança fundamental, por meio da arte real da construção e da iniciação, possibilita voltar à casa do Pai.

Trata-se primeiramente de despertar, na humanidade, a pré-memória adormecida, pois, sem ela não há anseio de retorno. Uma vez despertada a pré-memória, devemos sondar profundamente o estado de vida em que nos encontramos atualmente. Auxiliados pela pré-memória desperta, devemos chegar a uma comparação absolutamente objetiva entre a nossa condição atual e a que já foi outrora e que precisa voltar a ser.

Assim, no momento em que alcançamos a compreensão clara da situação, a mudança fundamental pode ser decidida e empreendida. E, sobre essa base sólida, a nova construção pode ser começada, e a iniciação pode ser esperada.

Com base nesta realidade, o obreiro se limita a:

1. despertar a pré-memória no candidato, falando-lhe continuamente da casa do Pai, bem como do ensinamento universal;
2. auxiliá-lo e impulsioná-lo a pesquisar e ver, com toda objetividade, tanto o estado atual de sua própria vida, como o da humanidade em geral;
3. possibilitar seu irrompimento para a mudança fundamental.

Enquanto não chega o tempo, a construção e a iniciação permanecem meras especulações para o candidato. Só quando atinge a maturidade para esses processos é que o aluno, com sua própria autoridade interior, reconhece como justa e verdadeira essa parte do caminho de retorno e pode percorrê-la com segurança. Qualquer tentativa forçada ou especulativa de seguir esse caminho ocasionaria uma queda, o que só agravaria a sua situação ainda mais.

Já explicamos anteriormente que nossa humanidade, em conseqüência da queda, caiu num estrato inferior de nossa esfera terrestre onde as relações e leis de nosso domínio de vida são dialéticas, enquanto que antigamente o estrato que habitávamos era estático. Isso significa que, neste mundo dialético, tudo está submetido ao processo do nascer, crescer e morrer, visto que aqui todas as qualidades se transformam em seus opostos. Esta é a assinatura deste mundo temporal, onde tudo é mutável, transitório. Este é o mundo onde reina por toda parte um perpétuo esfacelamento.

O reino da *estática*, porém, é eterno, imutável. É o mundo do absoluto, da liberdade, onde se depende só de Deus: é o reino dos céus.

O mundo dialético é, de uma só vez, maldição e graça: é maldição porque aqui nada é estável nem duradouro, tudo vem e vai, porque o bem e o mal se mantêm em equilíbrio, sucedendo-se um ao outro, sem deixar nenhuma esperança; é graça porque, devido a esta instabilidade, nada no homem pode cristalizar-se definitivamente, já que a instabilidade rompe continuamente o mal que o homem cria e mantém em contínuo movimento a humanidade decaída.

E, também a partir desse ângulo, devemos examinar duas outras leis naturais: a da morte e a da reencarnação microcósmica, duas leis misericordiosas, temporariamente necessárias e inerentes ao caráter dialético de nosso estrato de vida.

A morte é ocasionada por um desequilíbrio no processo do metabolismo, onde a renovação das células não consegue acompanhar, na mesma medida, o seu desgaste. Como sabemos, o organismo renova-se com o passar de sete anos. Mas, com o tempo, verifica-se que esse processo é muito lento: utiliza-se mais força do que é suprida, e o desgaste é maior que a renovação. Isto faz com que o homem, em conseqüência de doenças e enfraquecimento, deva morrer. É verdade que a eugenia pode prolongar a vida humana, mas não pode impedir a morte.

Geralmente, acredita-se que, quando morre, o homem passa para a sua morada eterna. Infelizmente, que mistificação, que profundo erro! O estrato dialético, como todo estrato, compõe-se de duas regiões distintas, duas esferas de vida: a esfera terrena e a esfera do além. Esta última, por sua vez, divide-se em esfera celeste e esfera infernal. Após a morte, a forma humana se decompõe. O corpo material, a alma-sangue (ou alma terrestre) bem como os aspectos mais grosseiros do corpo vital (também chamado corpo etérico), permanecem na esfera terrestre. A consciência e a alma, com o restante do corpo (ou seja, com os éteres superiores, o corpo de desejo e a faculdade mental), após permanecerem temporariamente em uma região de transição, se dirigem para a esfera celeste ou para a esfera infernal. Passado um certo tempo, o corpo de desejo e a faculdade mental também se desagregam nessa região do além. Depois disso, então, nada mais resta do que a forma da consciência e a forma psíquica, bem como alguns átomos-semente de cada corpo, nos quais a essência da vida é conservada como colheita de experiências de cada indivíduo.

Quando o microcosmo* assim se esvaziou, torna-se necessária a admissão de uma nova personalidade mortal no campo de manifestação, impelida pela atividade das forças liberadas por ele mesmo e concentradas no ser aural, na lípika*, em forma de carma do microcosmo. Assim, o microcosmo é atraído novamente para o princípio-vida terrestre e posto em contato com os futuros pais da nova personalidade terrena. Desse modo, esta personalidade nasce na esfera material e, durante esse processo, também é colocada em contato com a alma-sangue de seu antecessor microcósmico.

Assim, sobre essa base, começa a nova vida terrena, ligada à vida anterior. A roda recomeça um novo giro para baixo e uma nova jornada de volta ao túmulo é empreendida. Assim, o homem, o microcosmo, perma-

* Ver glossário

nece ligado à roda do nascer, crescer e morrer, numa repetição inexorável, ininterrupta e sem nenhuma esperança de libertação, eventualmente milhares de vezes.

Quando nos libertaremos dessa roda? Jamais... A menos que o homem se torne consciente de sua condição de filho pródigo, decida-se a retornar e empreenda o processo da transfiguração, ou seja, da troca de personalidades, do qual já falamos com freqüência. Somente então ele se desliga da roda! Nem antes, nem depois[1].

O homem que vive na esfera terrestre está, conseqüentemente, de posse de uma consciência, de uma alma e de um corpo. Nele estão presentes e ativas, num turbilhão selvagem, todas as forças e contraforças deste estrato: as forças do estrato mais elevado, a esfera de calor, as forças da Hierarquia de Cristo; as forças ditas celestes da esfera refletora, isto é, a esfera celeste do além; as forças infernais e as forças humanas pessoais.

O homem é, portanto, literalmente prisioneiro do jogo do bem e do mal, e ambos o influenciam alternadamente. Ora, como ele mesmo é uma mescla de bem e mal, está sempre dividido em seu íntimo. Em algumas pessoas é o mal que domina, sem que, no entanto, o bem seja totalmente silenciado. Em outras, é o bem que predomina, mas nem por isso o mal chega a ser calado completamente.

É por isso que o lamento de Paulo fica bem claro para nós: "Pois não faço o bem que quero, mas o mal que não quero, esse pratico". Por tudo isso, o homem é sempre prisioneiro do desassossego e do cansaço. Assim ele luta, é aniquilado e naufragaria irremediavelmente se a morte não viesse libertá-lo. É bem verdade que a morte

1 Rijckenborgh, J.v., *O advento do novo homem,*, São Paulo, Lectorium Rosicrucianum, 1988, cap.XVIII.

é o salário do pecado, a conseqüência da existência do homem nesta ordem de natureza. Mas é aí que se manifesta, de modo absolutamente concreto, a graça divina que acompanha o homem decaído, pois os átomos-semente imperecíveis e a energia propulsora das forças liberadas no passado impelem o microcosmo esvaziado a aceitar a manifestação de uma nova personalidade e, assim, aceitar uma nova possibilidade de despertar.

A partir do momento que o homem abandona o seu corpo material denso e cristalizado, bem como a parte mais grosseira do seu duplo etérico ou corpo vital, e logo que a alma-sangue acaba de se desligar da forma psíquica, o homem é atraído a uma região que corresponde a seu estado de vibração interior, em consonância com a lei: semelhante atrai semelhante. Na região de transição, ele toma consciência do seu estado de ser, para depois, como foi dito, dirigir-se ao seu céu ou ao seu inferno.

Portanto, vamos observar como é importante, aqui embaixo, aspirar ao bem e rejeitar e combater o mal, pois embora esse comportamento não nos leve a realizar a finalidade absoluta, a nossa gama vibratória determinará nossa morada no além! Lá nos encontraremos entre irmãos e irmãs e poderemos continuar nosso trabalho de buscadores da luz e da verdade, a serviço da humanidade, em condições mais favoráveis[2]. Lá, as forças infernais não podem lutar contra nós e nem nos prejudicar diretamente, pois sua gama vibratória não permite que elas se aproximem de nós.

2 Entretanto, se tivermos chegado a encontrar durante nossa vida a senda do bem absoluto, poderemos, livres da esfera refletora, assegurar, já no presente, a entrada no Vácuo de Shamballa, ou alcançar um desenvolvimento mais grandioso e maravilhoso. Ver *O advento do novo homem*.

O que é importante no além é o grau de consciência, o grau do despertar da consciência. Esse estado depende do estado da alma, portanto, das qualidades psíquicas desenvolvidas por uma vida positivamente boa. De fato, se muitas qualidades psíquicas são adquiridas como resultado de uma vida verdadeiramente séria e boa (isso compreendido dentro das limitações dialéticas), tal circunstância determinará no além uma consciência firme e sólida da existência. Mas o contrário também é verdadeiro: as qualidades psíquicas tenebrosas, decorrentes de uma vida conscientemente má, também determinam uma forte consciência da existência no além. Essas qualidades psíquicas tenebrosas podem ser tão dinâmicas nas entidades infernais que estas chegam a ponto de já não encontrarem possibilidade de manifestação corporal – e, assim, o estrato terrestre passa a ser vedado a elas. É este estado que a Bíblia indica como "ser lançado nas trevas exteriores". Geralmente, admite-se que essas entidades serão destruídas em sua manifestação e a centelha espiritual retornará vazia à fonte primordial.

Existem também muitas pessoas que viveram uma vida meramente biológica – uma vida nem boa, nem má. A respeito delas pouco se pode dizer, pois sua vida é a do homem da massa. Possuem poucas qualidades psíquicas e, conseqüentemente, não estão em condições de manter durante muito tempo, no além, a noção de existir. Essas pessoas caem rapidamente num estado de inconsciência: assim, sua alma se volatiliza. E, como a colheita que trouxeram ao seu microcosmo foi muito pequena, o giro da roda as impulsiona rapidamente à manifestação de nova personalidade. Microcosmos como estes precisam de um grande número de encarnações na matéria.

No além, o homem é uma entidade mutilada pois seu organismo está incompleto. Ora, como o ser humano deve ser regenerado de baixo para cima, torna-se evidente que todos os habitantes da esfera do além devem retornar à esfera terrestre. Afinal, não podemos esquecer de que o verdadeiro corpo celestial só pode ser recriado a partir da forma corpórea terrestre completa.

A permanência no além dura, em média, de seiscentos a setecentos anos, com muitas exceções – e se destina à assimilação microcósmica da colheita de experiências que acabou de fazer. É por esta razão que este é um período muito importante!

Durante esse tempo, mudaram-se tanto as condições de vida na terra que as experiências não podem deixar de ser novas, com possibilidades totalmente diferentes. No além, o homem (isto é, o microcosmo) recebeu muitas lições e possivelmente passou do inferno para o céu.

Diante de um nascimento normal, geralmente podemos dizer que a criança recém-nascida é uma dádiva da esfera celeste – porém traz consigo o seu carma. O mesmo não se pode dizer quando a concepção se dá nos casos decorrentes de desenfreada paixão sexual, quando não se deseja a procriação, ou durante a embriaguez, ou sob o efeito de narcóticos ou de loucura. Verdadeiramente, a concepção é uma forma de magia. E, quando ela é consumada em estados como estes, de extrema impureza, entidades infernais podem apoderar-se da semente.

Queremos dizer ainda algumas palavras sobre a alma-sangue. Vimos que, depois que a morte acontece, permanecem na terra: o corpo material e a parte mas grosseira do duplo etérico, assim como a alma-sangue. O que entendemos por isso?

A alma-sangue é a essência, o núcleo vivente do sangue, o fator que mantém toda a forma corpórea. Na morte, opera-se uma divisão da alma. O aspecto mais elevado da consciência, que é a alma impessoal, o núcleo-alma vivente de todas as vidas dialéticas anteriores, segue para o além. O aspecto inferior permanece aqui. Foi o núcleo-alma inferior da vida que se extinguiu. Inferior não num mau sentido, mas no sentido de alma pessoal, ou núcleo sangüíneo da personalidade do Sr. X ou da Sra. Y.

Essa alma-sangue é visível qual uma nuvem, tendo um núcleo luminoso. Quando nos concentramos nela, esta nuvem muitas vezes toma a forma e a aparência da antiga entidade humana. Esta propriedade da alma-sangue é causadora de uma das inúmeras mistificações das quais são vítimas os espiritistas.

A alma-sangue possui todas as qualidades vitais do morto: tanto as boas quanto as más. Ela pode ser transmitida novamente como herança sangüínea àqueles que são afins com o falecido – e geralmente é isto o que acontece. Esta herança também pode ser aceita conscientemente. No entanto, ela pode, inconscientemente, influenciar muitas pessoas – uma família, um povo, uma raça – em virtude de que as almas-sangue semelhantes têm a propriedade de fundirem-se.

É neste conhecimento que se apóiam a doutrina do sangue e uma grande quantidade de velhos costumes e tradições de antigas religiões, bem como o culto aos ancestrais, que aparece tão acentuadamente entre alguns povos. Portanto, esses laços espirituais de sangue podem ser muito profundos.

Reencarnação Microcósmica

Como já comentamos no capítulo anterior, o estrato dialético compõe-se de duas esferas: a esfera terrestre e a do além. A morte não liberta o homem do estrato dialético: ele somente passa de uma esfera para outra. E, com a mesma inexorabilidade com que a morte o atinge aqui na esfera material, assim também o desenvolvimento na outra esfera impele o microcosmo a adotar uma nova personalidade, porque, no além, ele dispõe apenas de um organismo incompleto.

No tocante a isto, em círculos esotéricos fala-se habitualmente de reencarnação, sugerindo-se com isto a existência de algo parecido com uma continuidade da existência depois da morte, o que é absolutamente errôneo! Podeis assegurar que conhecestes uma existência anterior à atual? Isto é impossível, uma vez que depois da morte do ser natural a personalidade total se dissolve no transcurso do tempo e somente o princípio ígneo fundamental que lhe deu vida regressa ao eu superior ou ser aural. Da mesma forma que o ser de um cão volatiliza ao cabo de alguns dias depois da morte, também no homem se realiza um processo de dissolução, ainda que requeira um tempo mais longo, na medida em que continua ligado à natureza terrestre.

Podeis dizer que o eu superior conheceu uma existência anterior? Não! Ele só conhece uma única existência que teve inicio no começo da impiedade e que continua agora com inumeráveis mudanças e modificações de forma. O eu superior ou ser aural é uma força propulsora e cega, a personificação de uma estrutura de forças que fugiu ao controle. O resultado disso é que o planeta dentro do microcosmo, isto é, a manifestação humana, tem que ser periodicamente aniquilada. Não há, portanto, nenhuma reencarnação nem qualquer reincorporação da personalidade, porque depois da morte não resta nada da alma mortal, não resta nada de seu ser eu, já que ele se volatiliza completamente. De vós, como alma mortal, nada fica, absolutamente nada. Da mesma forma que o corpo material se converte em pó e cinzas, assim desaparece também a alma mortal. A alma que peca deve morrer. E algo que morreu está, neste sentido, completamente morto.

Quando vossa alma tornar-se imortal mediante o renascimento da Água e do Espírito, ou seja, mediante a transfiguração, reencarnará voluntariamente a serviço da grande obra da Fraternidade Universal. Esse trabalho em favor da libertação de toda a humanidade nunca termina. O processo do nascimento produz-se, então, de outro modo.

Neste contexto, podemos nos perguntar o que entendemos por “roda do nascimento e da morte”. A roda do nascimento e da morte e sua atividade somente podem ser compreendidas se considerarmos o microcosmo como um todo. Relembremos que o microcosmo é periodicamente esvaziado em virtude da mortalidade do ser-alma em sua personalidade. Esse é o motivo pelo qual o microcosmo vagueia na natureza da morte num giro ininterrupto e sempre de novo deve adotar em seu sistema uma alma mortal, até que finalmente, mediante esta alma, surja a possibilidade de libertação pelo restabelecimento da unidade original do espírito, da alma e do corpo. Através deste processo de transfiguração, restaura-se a glória original intencionada por Deus.

Para terminar, destacamos ainda que estas coisas ficam muito claras para o gnóstico, em virtude de que o desenvolvimento gnóstico conduz a um bem superior e a um conhecimento de primeira mão*. Somente um conhecimento de primeira mão é libertador. Mas uma compreensão filosófica racional e moral deve servir de base, tal como uma religiosidade autêntica, demonstrada na prática por um comportamento correto.

A pesquisa gnóstico-esotérica prova que a reencarnação microcósmica é incontestável. A reencarnação é um fato! O processo da reencarnação microcósmica pode ser comprovado pela pesquisa gnóstico-esotérica. Ela nos demonstra que a reencarnação é uma lei de emergência, conseqüência de nossa queda. Trata-se de uma lei dura, porém clemente, pois mantém o homem em estado de manifestação e o coloca diante de tarefa não muito pesada.

Já vimos que a vida aqui embaixo não pode ser mantida em conseqüência de desequilíbrio no processo metabólico em nosso organismo. O contínuo retorno à morte prova que ainda não aprendemos a grande lição que devíamos aprender a partir de nossa existência aqui e também mostra que o homem ainda não deu início ao processo de regeneração. Com efeito, a lição deve ser aprendida *aqui*, porque somente aqui possuímos a tríplice forma corpórea completa, segundo a consciência, a alma e o corpo.

* Ver glossário

Ora, é desse nosso estado que o novo corpo, o corpo celestial, o corpo glorioso, deve ser construído. De fato, o velho corpo é o veículo por meio do qual o corpo imperecível deve ser erigido. O processo de regeneração deve começar onde a degradação foi consumada.

É por esta razão que o homem, ou seja, o microcosmo, está ligado à roda. É por esta razão que depois da morte sempre se segue a manifestação de uma nova personalidade. É por esta razão que esta nova manifestação de uma nova personalidade sempre representa uma nova oportunidade de libertação para o microcosmo.

O momento de libertação da roda só chega quando o homem aprende a construir seu corpo celestial e progride nessa construção. Sua morte, então, será o ressurgir no reino dos céus, na ordem de Deus, e não o ingressar no além, na outra esfera do estrato dialético. Para ele, o além é, quando muito, o lugar por onde atravessa antes de ingressar na verdadeira liberdade da ordem de Deus.

Esta transmutação no corpo pode ser tão perfeita que não se pode mais falar em morte. A Bíblia assim o exprime: “Deus o arrebatou”, referindo-se a Moisés, Elias e Enoque. Na fase intermediária do processo de transmutação surge uma consciência que participa de duas formas corpóreas: a nova e a velha.

Todos os libertos são participantes do reino da luz. Eles são libertos pelo processo da primeira ressurreição, assim como o denomina a Bíblia, e não podem mais ser danificados pela segunda morte. Esta segunda morte refere-se ao próximo fim deste período dialético e à chegada de um novo dia de manifestação, a nova intervenção de Cristo, que trará a separação entre os pioneiros e os retardatários.

Todos aqueles microcosmos que ainda não podem tomar parte no processo da primeira ressurreição permanecem ligados à lei da reencarnação. Eles retornam, conduzidos por outra lei da ordem de emergência: a lei do carma, a lei de causa e efeito, a lei que ensina "colherás o que semeaste".

Isto implica que a vida da personalidade seguinte se adaptará à vida presente, lógica e cientificamente. O que o homem assumiu, deve cumprir: ele deve aceitar o que desencadeou. Uma nova fase de existência começa onde terminou a anterior. Ninguém recebe uma tarefa pesada demais. Além de um fardo, cada existência traz um poder e uma possibilidade. A ligação com o passado existe, mas, ao mesmo tempo, é mostrado um caminho de libertação. Muito embora não se possa anular o passado, a lei cármica deixa aberta a possibilidade do justo emprego do presente.

Entretanto, num certo sentido, essa lei cármica é uma lei implacável, pois a mão do destino e a consciência da fatalidade podem oprimir a ponto de desalentar. Quanto à inflexibilidade dessa lei inexorável, o cristianismo ortodoxo e a teosofia dão-se as mãos. Essa interpretação fatalista do funcionamento da lei do carma já causou muito mal, pois desencoraja os homens.

De fato, essa lei de expiação já foi bem divulgada por todas as religiões mundiais, inclusive pelo cristianismo. É uma lei lógica. É o único método para levar o homem ao conhecimento de seu estado de ser, interiormente e de baixo para cima. No entanto, no que diz respeito à sua ação referente ao homem, ela não é eterna, pois pode ser sustada e revogada por outra lei: a lei da remissão dos pecados.

Quando vos tornais conscientes do vosso estado e trilhais o caminho da regeneração, tal como vos é mostrado no cristianismo, o fardo dos séculos, a dívida do passado pode ser retirada de vós. A lei cármica vos agarra e vos prende na mesma medida em que evocais a sua aplicação contra vós mesmos. No entanto, ela vos liberta quando vos colocais, segundo a razão e a moral, sob a lei da remissão dos pecados, desde que essa nova atitude seja um ato da mudança fundamental de vida. Conversão no sentido geralmente compreendido é mistificação, mera atividade emocional que não liberta da lei cármica, de modo algum. A possibilidade de remissão dos pecados e a forma como esta se processa é um método científico e superior, irradiado pela Hierarquia na prática da *Benedictio.*

Torna-se importante salientar, por fim, que a reencarnação não deve ser identificada com a evolução. Conforme já foi explicado, a evolução é de fato individual e está submetida a certas condições. Só o cristianismo gnóstico nos faz entrar em contato com a lei da evolução. Realmente, Cristo, através da Hierarquia, e por meio de seu sacrifício, traz um novo elemento à nossa terra e à personalidade dialética humana. É este elemento novo que nos capacita anular os efeitos da cristalização e reiniciar o processo da real evolução.

A evolução pessoal depende, portanto, de nossa decisão e de nossos atos em Jesus Cristo. Então, o carma perde seu caráter de fatalidade e é absorvido na força de Cristo. É o amor inexprimível de Deus em Cristo que, por meio de leis de emergência, nos mantém em estado de manifestação e em seguida, vem para nos libertar.

Todavia, como já pudemos compreender nestes oito capítulos, essa libertação não é um processo automático, mas sim um processo inteligente, com múltiplos aspectos, no qual todo o ser humano precisa cooperar de forma consciente. Esse é o ponto essencial que determina o sucesso ou o fracasso da grande obra da Fraternidade. Agora fica extremamente claro: o trabalho da *Benedictio* é o trabalho dos mistérios iniciáticos cristãos.

A finalidade desses mistérios é possibilitar a primeira ressurreição para muitos e formar um núcleo de obreiros a serviço de Cristo. Conseqüentemente, é a humanidade que deve libertar a humanidade. É nesse mesmo sentido que devemos compreender as palavras: "Trabalhai para a vossa salvação com temor e tremor". Verdadeiramente, ninguém pode progredir sozinho.

Iniciação é evolução acelerada, a fim de que os valores assim obtidos possam ser colocados a serviço da grande meta: a libertação final de toda a humanidade. O homem que realmente possui esse anseio torna-se apto a exercer essa arte real. Ele se torna um Príncipe Rosacruz.

Para ajudarmos uns aos outros nesse caminho é que temos uma Escola, um campo de força no qual se abre para nós o trabalho da *Benedictio,* sob a égide da Hierarquia de Cristo. Todo aquele que possui a disposição interior e a aptidão requeridas para percorrer o caminho pode ser admitido em nosso trabalho como aluno preparatório. Mas não devemos nos deixar deter por um eventual sentimento de indignidade. Que o candidato se lembre das palavras de Cristo: "Meu poder se aperfeiçoa na fraqueza". Munido desse encorajamento, todo aspirante sincero pode empreender a jornada.

A Composição da Terra e o Campo de Vida Dialético

Quando buscamos resposta à pergunta: "Como nasce um cosmo planetário?", outras perguntas se impõem imediatamente: "De que se compõe a criação? Com que espécie de substância o Criador realiza seu plano de manifestação?"

Segundo o ensinamento universal, o grande espaço, o universo, é preenchido pela substância primordial, também chamada de substância-raiz cósmica. O livro *Fama Fraternitatis* afirma esse fato no axioma: "Não há espaço vazio". Essa substância primordial é constituída, no espaço visível, pelos átomos de diversos elementos em estado não combinado. De acordo com nossa compreensão, o número de átomos é infinitamente grande. Um grande número de elementos é conhecido pela ciência natural, mas um número bem maior permanece desconhecido.

Todo átomo é uma força: nele se oculta um formidável potencial. Podemos imaginar isto facilmente quando refletimos que se trata da substância primordial na qual o Logos se manifesta e da qual toda a criação é construída e mantida. O átomo possui um poder de radiação, um certo campo de ação. A visão etérica permite a percepção do campo de ação de certos átomos enquanto que a influência irradiante de outros átomos pode ser notada de outro modo, como no caso, por exemplo, do átomo do *radium*.

Químicos e físicos são capazes de utilizar a energia radiante natural dos átomos. Combinando átomos de diversos elementos, eles conseguem resultados e efeitos surpreendentes. Empregando metais conhecidos à sua disposição e diversas energias, nossos técnicos também são capazes de criações sensacionais. Nenhum homem, entretanto, conseguiu liberar a verdadeira energia do átomo nem todo o seu potencial. Felizmente, ninguém conhece, em sua totalidade, a arte da desintegração atômica! Se isso ocorresse, a criação divina tornar-se-ia instantaneamente impossível, por causa da natureza satânica do homem moderno.

A antiga ciência oculta diz: "Matéria é espírito cristalizado; a matéria primordial, a substância original ou substância-raiz cósmica é espírito cristalizado que se manifesta em diferentes elementos".

Porém, em sentido geral, essa tese é realmente muito vaga e imprecisa, e além do mais, incorreta, pois o vir-a-ser da substância-raiz cósmica ainda é um mistério. Podemos conhecer um pouco da composição dos átomos, mas nada sabemos ainda de seu vir-a-ser. Podemos apenas dizer: o Espírito emprega a matéria primordial para exprimir-se por seu intermédio, segundo um plano definido, segundo certa idéia. É na substância primordial que o plano criador do Espírito toma forma.

A substância primordial, a matéria da qual tudo se origina, às vezes é designada em diversas filosofias muito antigas com o nome de água – as águas primordiais. O cristianismo se refere a ela como "água viva".

Na mitologia, Netuno, o deus da água viva, armado com seu tridente, símbolo das três forças criadoras de Deus, surge dessa "água viva" como aquele que nos inicia no estado divino absoluto.

No momento em que uma entidade divina ou uma Hierarquia divina empreende a execução de certo plano do Logos, realiza-se a antiga sentença: "O Espírito de Deus pairava sobre a face das águas". Então, observamos que uma determinada massa de substância primordial, na qual todos os elementos estão presentes, começa a se concentrar e a se condensar. Assim é o início de um cosmo planetário. Quando a massa de substância primordial está suficientemente condensada, sendo que o grau de densidade é diferente para cada cosmo, processa-se a desintegração atômica parcial no núcleo da massa. Este processo segue uma fórmula química específica, em concordância com o plano da criação que é também diferente para cada cosmo. Então se desenvolve uma explosão aterrorizante, com um calor tremendo, um fogo terrível, produzindo uma massa flamejante de energia.

No entanto, este conjunto de forças desencadeadas não degenera em catástrofe incontrolável. Não se trata de uma experiência nem de um ensaio, mas de um processo direcionado, forjado na grande forja do mundo. Esse processo é perfeitamente controlado.

O movimento rotatório, que é visível desde o momento da condensação da massa, prossegue agora segundo um princípio determinado. Todos os tipos de relações entre as matérias sólidas, líquidas e gasosas, entre forças e poderes, manifestam-se agora: acaba de nascer um cosmo planetário, um campo de desenvolvimento futuro para um grande número de entidades. Netuno pronunciou seu *fiat* criador.

Um cosmo como este jamais pode ser destruído ou desaparecer, embora possa ser modificado pelo mesmo Criador divino, cada mudança originando um novo dia de manifestação, mas sua fonte de energia jamais cessará de fluir.

Esta fonte é alimentada através do pólo norte por uma profusão de energia, e o que se poderia chamar de matéria residual e refugada é expelida pelo pólo sul. Conseqüentemente, jamais poderá ocorrer a consumição total de todas as energias disponíveis pela desintegração de todos os átomos presentes no cosmo porque, no coração do cosmo, o motor planetário é continuamente alimentado do exterior. Portanto, os átomos dos diferentes extratos não são desintegrados.

Assim, no coração da terra se encontra um formidável centro de energia, um coração radiante de luz, um fogo: o fogo de amor que arde em nosso benefício.

Perdoe-nos, o leitor, a comparação técnica banal que utilizamos. Nossa intenção é a de permitir que cada um tenha uma concepção simples de tudo isso, a fim de guardá-la como base para o que será exposto em seguida.

A partir do momento em que todas essas forças e energias são liberadas no coração da terra, através da fissão nuclear controlada, a serviço da grande meta que é preparar um campo de desenvolvimento, uma morada para os filhos de Deus, elas devem sofrer diferentes processos. Por sua vez, e por meio de diversas fórmulas alquímicas, esses processos devem cooperar mutuamente de modo que seja obtido o resultado desejado.

Assim como inúmeros operários de qualificação, aptidão e profissão diferentes são empregados para construir uma casa pouco a pouco, colocando-a em condições de servir de morada, assim também grande número de obreiros trabalha incansavelmente, em conjunto, na edificação de um cosmo planetário. Numerosas ondas de vida, tanto infra-humanas como supra-humanas, trabalham em conjunto na grande obra: foi assim que, nos tempos pré-adâmicos, a onda de vida humana também cooperou na construção de sua própria casa.

É por isso que há muitos significados no princípio diretor de que todo vir-a-ser realiza-se por meio de cabeças, corações e mãos humanos e de que o Criador manifesta-se por sua criação.

Todas as entidades infra-humanas, humanas e supra-humanas que operam nas formidáveis oficinas de trabalho do cosmo planetário, seja para sua própria morada ou a serviço de outros, têm, pelo menos em sua maioria, seu domínio de vida, seu domicílio, aqui na terra. Não devemos ver esse domínio de vida num único e mesmo nível, mas em planos, campos, esferas ou estratos, situados acima ou abaixo uns dos outros. Partindo do centro da terra, atravessamos diferentes estratos. Devemos aprender a ver cada estrato como determinada oficina de trabalho devotada a um certo processo a serviço do conjunto e da única e grandiosa meta.

Se não cometermos mais o erro de ver o nosso domínio de vida como o estrato mais elevado de nosso cosmo planetário, podemos continuar nossa dissertação com base no que foi agora estabelecido.

Quando no coração da terra ocorre a fissão nuclear, duas energias são liberadas. Não uma energia com um pólo positivo e outro negativo, mas duas diferentes energias: portanto, com dois pólos positivos e dois negativos. Estas duas energias são a exata imagem refletida uma da outra, o que significa que possuem polarização em sentido inverso e, assim, cada uma é o contrapólo da outra.

Se estas duas energias trabalham juntas, podem realizar um milagre, uma grande magnificência que contém intensa alegria. Faltando essa cooperação, resulta uma terrível explosão de fogo caótico. O leitor atento deve se lembrar de que essas duas energias estão confinadas no interior de um único átomo. Assim que elas são liberadas, devem trabalhar em conjunto, de forma livre e dinâmica, em concordância com a idéia básica presente nessa fissão nuclear; assim, elas devem dar testemunho de sua vocação divina.

Para que se possa ilustrar o que desejamos indicar, podemos pensar numa roda. O artífice toma de um pedaço de ferro, isto é, um aglomerado de átomos de ferro formando, juntos, uma massa. Ele forja essa massa até fazer dela uma roda e a emprega com essa finalidade. O princípio espiritual básico da roda é movimento, velocidade, capacidade de carga e atividade. Se soubéssemos desintegrar os átomos de ferro pensando de forma criadora numa roda, essa roda possuiria, por si mesma, movimento, velocidade, capacidade de carga e atividade. Poderíamos falar, então, de uma roda vivente.

A eletricidade é a radiação de determinados átomos. Se soubéssemos desintegrar esses átomos, teríamos uma energia vivente que forneceria luz e calor por si mesma. Então, não teríamos mais necessidade de aparelhos técnicos para transformar em luz e calor a radiação de certos átomos.

Todos esses poderes e essas realizações criativas são possíveis mediante a liberação das duas energias de polarização inversa dos átomos. E também poderíamos, pela fissão nuclear, aniquilar um povo num piscar de olhos!

Há também os átomos-centelha divinos, a essência nuclear do homem celeste. No átomo-centelha divino, do qual provieram os seres humanos, estavam presentes, na gênese, duas energias, duas entidades que eram a imagem refletida uma da outra, inversamente polarizadas: homem-mulher, formando em conjunto uma dupla unidade cósmica. Na aurora de nossa criação, esse átomo foi dividido. Assim, forças extraordinárias foram liberadas e as duas energias do átomo tiveram de aprender a cooperar uma com a outra, em liberdade e perfeição. É em liberdade que elas deverão reencontrar-se novamente, não para serem atadas juntas, como eram originalmente, mas para a realização do Todo, do Homem-Deus em cada um.

As duas energias do átomo-centelha divino, quando atuam juntas numa harmoniosa cooperação, são designadas simbolicamente como a árvore da vida. E quando atuam em atividade separada, como a árvore do conhecimento do bem e do mal.

Quando as duas energias da centelha divina são liberadas no coração do cosmo planetário, são enviadas em direção ao alto, atravessando os diferentes estratos. Em cada estrato, submetem-se a um certo processo e desempenham determinada tarefa em benefício de todo o conjunto.

O processo final, o resultado, desenvolve-se no estrato mais elevado, ou estrato superior. Ali, as duas energias exteriorizam-se em maravilhoso e magnífico esplendor, num glorioso e imaculado produto final: a dupla unidade perfeita na qual se revela todo o plano alquímico.

Esse perfeito e glorioso estado imaculado existe no estrato superior de todo cosmo planetário. No que se refere ao nosso cosmo terrestre, chamamos este estrato de estrato superior, a ordem de Deus, o reino dos céus, ou a esfera de calor mais elevada. É nesse estado glorioso e na liberdade das energias cooperantes que vivia a humanidade original. Eram entidades liberadas do átomo-centelha divino, como dupla unidade cósmica. O homem era um filho de Deus, vivendo no jardim de Deus e manifestando-se na vida e no ser de Deus, com todos os valores e faculdades daí inerentes.

Nesse paraíso encontrava-se a árvore da vida como imagem das energias cooperantes, de acordo com o plano da fórmula alquímica: saúde, força e imortalidade, como valores estáticos. Mas, naturalmente, havia também a árvore do conhecimento do bem e do mal, que era a árvore proibida, pois o fato de forçar ou perturbar a cooperação entre as duas energias ocasionaria fatalmente a calamidade, o desastre e a morte, como conseqüência natural da perturbação do princípio de vida.

No domínio de vida onde agora vivemos, as duas energias ainda se manifestam separadamente: uma, que podemos denominar energia feminina, cuida da assimilação e do crescimento; a outra, que é a energia masculina, cuida da manifestação e da realização. Também vemos esta dupla atividade no fenômeno da noite que esconde em seu seio a aurora, e no do dia que faz despontar e ascender o sol da vida até o zênite. Portanto, nosso domínio de vida é dialético, o que quer dizer instável, mas esta instabilidade segue certa lei rítmica. Isso faz com que a marcha da natureza toda esteja marcada por um perpétuo nascer e morrer, porque nenhuma das duas energias é estática por si mesma. E assim, o nascer, crescer e morrer desvenda para nossos olhos a ruptura do equilíbrio e nos faz compreender que a atividade separada das duas energias traz em si a destruição e a morte.

Quando o homem se afasta do princípio da verdadeira vida, ou seja, quando ele rompe o equilíbrio divino e desfaz a harmonia cósmica, ele é atraído para um estrato inferior. Ali aprenderá o que é a conseqüência da desobediência a Deus. Assim ele experimenta o que significa ser e viver numa ordem dialética.

A história do gênero humano prova-nos que esta queda realmente aconteceu e foi seguida de conseqüências desastrosas. O homem perdeu a sua pré-memória e fez com que diversas forças e correntes naturais deste campo de vida se tornassem ímpias. Assim, ele propagou o mal como se fosse um câncer, contaminando com ele todo o campo de vida, pois, embora separado de Deus, o homem sempre continuou sendo um mago. O mal se tornou possível pelo desenvolvimento excessivo que o homem causou por meio da energia conhecida como feminina: daí veio a lenda de Eva.

O bem, como contra-pólo do mal, se encontrou numa situação cada vez mais difícil e o resultado disso é uma dialética absolutamente deplorável e pecadora. Esse bem aparentemente complementa e responde à dialética natural deste campo de vida pelo nascimento e morte, pelo nascer, crescer e morrer, pelo satanismo avassalador, pela extrema dificuldade de retorno a estados relativamente bons.

O que agora é o mal, originalmente era a segunda energia imaculada, a contraparte da outra energia que hoje denominamos "bem". Essa segunda energia é a energia feminina, porém atualmente limitada e profanada. É por isso que a natureza do mal é sempre negativa e sua atividade conduz inevitavelmente a resultados negativos.

Quando as energias que estão no coração da terra são liberadas, a esfera, a concentração de matéria primordial, torna-se luminosa. Então, o fogo sombrio que paira sobre as águas irrompe em luz. Essa luz traz calor, energia. Conseqüentemente, também proporciona a possibilidade de desenvolvimento de vida. Assim o grande plano torna-se manifesto.

Essa vida luminosa, palpitante, que desempenha um processo ou uma tarefa em todos os estratos, pode ser comparada à alma, ao sangue do campo planetário. Este sangue é de uma composição particular em cada estrato, de acordo com a natureza desse estrato. Conseqüentemente, torna-se claro que as entidades que se manifestam num determinado domínio de vida possuem o sangue concordante com o princípio-luz próprio desse domínio. É por esta razão que aqui na terra temos o sangue no qual se expressa a separação das duas energias.

Nossa alma, nosso sangue, oculta em si o princípio dos opostos: dia e noite; bem e mal; luz e trevas. Nossa alma, nosso sangue, é pecadora e traz em si a marca dos males deste estrato. Nossos corpos também são formados pelo mesmo princípio-pecado e, por isso, são submetidos à morte. O glúten, o corpo do pecado em nosso sangue, é o elemento satânico da energia feminina.

Devido a essa natureza do nosso sangue, estamos presos à roda do nascimento e da morte, ao estrato da dialética. E aqui permaneceremos até que, sob o impulso espiritual da pré-memória, possamos nos tornar conscientes de nossa condição de filho pródigo, sondar nosso estado atual, penetrar na finalidade do Todo e alcançar a mudança fundamental a fim de que, sobre essa base, possamos retornar à nossa morada original.

O que devemos pensar da bomba atômica, com relação a tudo isto? De modo geral, como devemos encarar a desintegração atômica?

A literatura nos diz a respeito dessas novas descobertas da ciência que o termo "desintegração atômica" brilha aos nossos olhos, irradia luz promissora, inspira sonhos de possibilidades que um dia se tornarão realidade pela fissão nuclear, na era paradisíaca da técnica.

Sem dúvida, não compartilhamos desses sonhos! Ao contrário: vemos que esta descoberta moderna da ciência natural tem como resultado uma catástrofe tremenda. É possível que tal catástrofe só seja percebida por esoteristas que não estejam profundamente mergulhados no mundo da técnica e da ciência.

Foi descoberta, assim é dito, a fissão dos átomos do elemento urânio. Trata-se, portanto, de uma imitação fraquíssima do que ocorre no coração da terra, sob a direção da Hierarquia da Luz. Existe uma legião de elementos. E aquilo que nossos físicos-magos da ciência natural são capazes de realizar é comparável à façanha dos magos egípcios que, em presença do faraó, tentaram imitar a magia de Moisés. Mesmo assim, essa descoberta representa um grande perigo. Na verdade, pela liberação da energia atômica, tenta-se atingir dois objetivos: a criação de possibilidades destrutivas, em caso de guerra, e o desenvolvimento da técnica.

As calamidades que decorrem do primeiro caso são evidentes. Mas devemos também compreender que, no segundo objetivo, a aplicação dita pacífica da energia atômica trará o desastre final: o suicídio desta ordem de natureza.

Vimos que no coração da terra desenvolve-se um processo direcionado de desintegração atômica, cuja função é suprir todos os estratos da necessária energia. Mas em todos os estratos também existe um planejamento atômico.

Até o presente não havia ocorrido nenhuma desintegração nos estratos restantes da terra, mas apenas transformação nas combinações entre átomos. E ainda agora esperamos que o que atualmente se denomina fissão nuclear seja, na realidade, somente a desintegração dos átomos de um certo elemento em átomos de outros elementos. Em outras palavras: esperamos que o elemento urânio não seja um verdadeiro elemento, mas uma combinação de elementos desconhecidos, liberados pela fissão. Assim, a energia liberada poderia ser enorme, mas não semelhante à energia que seria liberada pela real fissão de um átomo.

No entanto, já existe um grande perigo na situação atual. Com efeito, em conseqüência dessa intromissão física arbitrária nos fundamentos de nossa ordem cósmica, a harmonia em todos os estratos do cosmo planetário será perturbada. Em outras palavras: a aplicação pacífica dessa energia também trará como resultado uma mudança cósmica. As relações entre os diversos estratos passarão a ser diferentes. Várias correntes, totalmente diversas, serão desenvolvidas para evitar a iminente ruptura do equilíbrio. A esse respeito, lembramos que os combustíveis para suprir as necessidades de energia virão do exterior do cosmo, por meio de um dos pólos, enquanto que determinadas forças serão removidas pelo outro pólo. O suprimento dessas forças e combustíveis do exterior do cosmo está relacionado com as radiações cósmicas.

A anarquia da ciência física ataca os fundamentos de nosso campo de vida, interfere no equilíbrio das forças cósmicas e o perturba. Novamente os homens interferem em forças que não podem controlar. Novamente os homens violam as forças divinas e delas abusam em proveito de seus objetivos egocêntricos.

Por isso, a Hierarquia intervém, uma vez mais, para evitar o desequilíbrio. Uma inevitável revolução cósmica, atmosférica e espiritual está sendo desencadeada e assim será posto um fim à violação das leis cósmicas, perpetradas pelo homem moderno neste campo de vida dialético.

Profundas mudanças verificam-se em nossa atmosfera; as relações entre o oxigênio e os gases nobres sofrerão uma modificação radical em decorrência do dilúvio pelo fogo, em vias de execução, que virá juntamente com as grandes catástrofes naturais, tais como terremotos, desaparecimento de continentes, epidemias, novas e estranhas doenças, outras radiações cósmicas, etc. A vida, como a conhecemos atualmente, passará a ser impossível. Será o suicídio da ciência e da humanidade toda.

A bomba atômica de 1945 encheu o mundo de consternação e pôs fim à Segunda Guerra Mundial. No entanto, uma catástrofe bem mais terrível já teve início, pois a Rússia fará algo de grande abrangência no campo da técnica e da física. Pudemos ler, já há alguns anos, que os cientistas russos ocupavam-se mais especialmente da radiação cósmica e a submetiam a experiências. A esse respeito, fez-se alusão a uma descoberta comparada com a qual a ciência da fissão nuclear torna-se insignificante. De fato: em proveito de seus planos dialéticos, os cientistas russos planejam se apropriar do suprimento de energia destinado à alimentação do coração da terra, do combustível de nosso cosmo. Portanto, eles têm a intenção de utilizar diretamente a energia dos átomos da substância-raiz e a força do Logos Solar. Em relação a esta força, a difícil produção de energia destruidora do átomo de urânio parecerá brinquedo de criança.

À luz da ciência esotérica, pode-se adivinhar facilmente qual será a conseqüência do emprego das forças da substância-raiz cósmica. A tragédia da Atlântida repete-se diante de nossos olhos. Na ambição do mundo científico, reencontramos a reencarnação da Atlântida, reino que desapareceu por haver também atacado os fundamentos divinos da ordem cósmica. Naquela época, a culpa não foi da ciência, mas da classe sacerdotal. Agora, a decadência mundial ocorrerá em conseqüência da atividade da ciência dialética.

Para a humanidade atual, penosamente ocupada em diversas tentativas de soerguimento, seria preferível deixar de lado todas as banalidades dos chamados regulamentos e encarcerar como loucos e criminosos todos os homens da ciência experimental e os líderes a ela ligados. É claro que isso jamais poderia ser feito. Tal saneamento torna-se impossível porque, infelizmente, nossa humanidade só aprende pela experiência! Em princípio, a destruição desta ordem mundial já é um fato! Na prática, ela se tornará realidade em futuro próximo: é somente questão de algumas centenas de anos.

Este domínio de vida, este estrato dialético tão degradado, tão ímpio, será purificado e as relações da dialética natural serão restabelecidas. É questão de pura lógica. Quando a classe sacerdotal atlante entoava seus mais elevados hinos de poder, pereceu. Quando a ciência ariana acreditar que pode festejar os formidáveis triunfos de seu apogeu, ela também perecerá e, com ela, os adoradores dessa moderna idolatria.

Depois de tudo o que dissemos, o leitor compreenderá melhor do que nunca porque a Escola Espiritual conclama as mentes esclarecidas a uma mudança fundamental, a uma renovação estrutural. O fato é que cada um será confrontado com uma escolha inevitável: pertencer à categoria daqueles que perecerão com seu ídolo e terão de recomeçar tudo quando chegar um novo ciclo ou pertencer ao grupo dos pioneiros que tomarão todas as medidas necessárias, segundo a consciência, a alma e o corpo, para não serem prejudicados pela segunda morte, elevando-se assim a um bem superior? Resta agora saber: juntar-vos-eis aos pioneiros ou não? Os dois caminhos trazem suas conseqüências!

Várias são as teorias existentes sobre o antigo reino desaparecido da Atlântida. Raros são os dados exatos a esse respeito, o que explica a multiplicidade das teorias e especulações. A respeito disso, a ciência oculta não divulga nenhum pormenor. No entanto, é fato estabelecido que na ordem mundial dialética nada existe perpetuamente. Aqui se desenvolve uma mudança contínua de valores, forças e condições. Conseqüentemente, nesta ordem mundial não pode existir uma construção no sentido de um crescimento e desdobramento constantes, pois cada subida é seguida inevitavelmente de uma descida.

Na ordem dialética original essa marcha ascendente e descendente das coisas não era análoga ao bem e ao mal. Não queria dizer que o bem era destruído pelo mal e o mal, por sua vez, destruído pelo bem. Originalmente, a marcha ascendente e descendente era apenas um processo de mudança. A duração de uma situação não era determinada pelos homens ou por influência humana, mas pelas leis naturais deste estrato de vida.

Todavia, a queda da humanidade perturbou e corrompeu também o nosso campo de vida, o que fez com que a dialética natural fosse substituída pela dialética vingativa, situação que faz lembrar o provérbio: "Tantas vezes vai o cântaro à fonte que um dia se quebra". Em outras palavras, as atividades dos homens provocam contínuas tensões que desencadeiam destruição e mudança.

Para o estado pré-humano deste campo de vida, um reagrupamento de continentes e dos mares não significava uma catástrofe para a humanidade. Todavia, esse é o caso presente: os dois processos dialéticos, o natural e o vingativo, se interpenetram. A dialética natural é forçada a agir repetidamente devido à malignidade do homem dialético.

Podemos imaginar que o aspecto de nossa terra durante o período atlante deveria ser mudado no aspecto do período ariano, pela dialética natural. Podemos também imaginar como os regentes do nosso destino fazem uso dessas mudanças de condições para ensinar aos homens uma nova lição, para lhes revelar uma nova possibilidade, a fim de ensiná-los a seguir o caminho que leva à casa original, o reino dos céus.

Porém, também podemos admitir que, diante do estado pecaminoso dos homens, a mudança da dialética natural poderia ser empregada como punição, como profundo obscurecimento, como extinção da consciência ímpia, como um "sorvo de esquecimento"[1]. Para o pecador, o novo ambiente poderia ser uma página em branco, um novo começo. A mudança da dialética natural poderia ser também um portal de renovação.

Dessa forma, podemos imaginar dois desenvolvimentos: um para o grupo da humanidade que não tomou parte no grande pecado ocorrido no período atlante e outro para o grupo pecador. Estes dois processos realmente existem. Atualmente vivemos no período ariano. Parte da humanidade trazida a este período com um sorvo de esquecimento vive nesta época em conseqüência do erro na Atlântida. Outra parte recebeu novas e grandes possibilidades. Por isso falamos de uma era ariana, que significa literalmente "período de santificação". Um verdadeiro ariano é um santo: alguém que, com o auxilio da dialética natural, atravessa o portal da eternidade, do verdadeiro reino.

Nossos orientalistas chamaram todos os europeus de arianos. Este erro tornou-se uma idéia tão insana entre

1 Rijckenborgh, J.v., *As núpcias alquímicas de Christian Rosenkreuz*, São Paulo, Lectorium Rosicrucianum, 1993, t. I.

os nazistas que eles se imaginaram reis arianos e se atribuíram o direito de "arianizar" outros.

Uma nova reorganização de continentes, análoga àquela que acabamos de descrever está se aproximando. Será inaugurado um novo período – o período de Júpiter – durante o qual toda a matéria em sua forma atual será abolida. Os pecadores da presente dispensação, aqueles que chegaram à total cristalização na matéria, não mais poderão manter-se neste campo de vida que não terá mais o aspecto material e desaparecerão. Assim será consumada a separação entre os dois desenvolvimentos e os processos subseqüentes serão delineados de modo cada vez mais claro, a saber: o processo da degenerescência; o processo da colheita; o processo da libertação e finalmente, os grandes processos do fim.

A Composição Tríplice, Nônupla e Duodécupla do Homem[1]

Geralmente, quando se fala em "espírito" humano e na atividade "espiritual" do homem, estes conceitos se referem mais especialmente à atividade intelectual. Contudo, pouco sabemos sobre o conceito e a natureza do espírito. Não devemos, porém, deduzir que ignoramos tudo o que se refere à atividade espiritual do homem. Ao contrário: podemos acompanhá-la até certo ponto, mas o restante escapa ao entendimento humano. Ora, um conhecimento imperfeito gera sempre discussão, aceitação ou negação veementes e uma série de especulações.

Dá-se o mesmo com o conceito "alma". Que é a alma? Que relação tem ela com o restante do ser humano? É desconcertante a ignorância existente também a este respeito. Caímos novamente na especulação e no tatear. A ciência denominada Psicologia, que significa "estudo da alma", sabe muito, mas conhece extremamente pouco a respeito da alma. Indubitavelmente o psicólogo é um

1 Ver apêndice.

homem inteligente, mas não um especialista em coisas da alma, no verdadeiro sentido da palavra.

O mesmo ocorre no que se refere à natureza do corpo humano. Em geral, quando se fala de corpo só se pensa no veículo material. A maioria das pessoas ignora tudo ou quase tudo sobre o conjunto extremamente complexo que representa, em realidade, a forma corpórea.

O ensinamento universal fala da composição nônupla do homem, a qual se divide em três aspectos principais, a saber: o espírito, a alma e o corpo. Por isso falamos de estrutura espiritual, de estrutura psíquica e de estrutura material, tese que concorda plenamente com a sabedoria que nos transmitem todos os livros sagrados através dos tempos.

Na Bíblia, o homem nos é apresentado como A.D.M.: três sons traduzidos por Adão. Estes três sons designam respectivamente: o espírito, a alma e o corpo. E correspondem cabalisticamente ao número 1440 = 9, da seguinte maneira: a letra A é Aleph, o número 1, o número que indica a gênese, a manifestação, a fonte de onde tudo provém: o espírito. A letra D é Daleth, o número 4, o regulamentador ou a porta: a qualificação típica das funções da alma. A letra M é Mem, o número 40, o concluidor, o realizador, o executor: a forma corpórea. Portanto, a palavra "Adão" nunca indica um indivíduo, mas representa a humanidade considerada como um todo, isto é, de acordo com sua manifestação de espírito, alma e corpo.

O Apocalipse, no final da Bíblia, faz referência a 144.000 libertos, número também igual a 9 e que indica a humanidade, considerada aqui como um grupo muito exclusivo: a humanidade que participa da redenção. Com efeito, não se trata ali de um grupo de 144.000 entidades, mas de seres humanos que se submeteram, segundo a consciência, a alma e o corpo, ao processo de regeneração e o levaram a bom termo. Os três zeros lembram os ciclos de mudanças fundamentais que essa parte da humanidade atravessou. O restante da humanidade é designado, no Apocalipse, parte como fracassados e parte como retardatários.

Mencionamos estes trechos para comprovar que as composições tríplice e nônupla do homem também se encontram nas Escrituras Sagradas. Aliás, o número 9 não só é o número da humanidade como também é o número de Marte. Na filosofia esotérica Marte designa a vontade, a atividade autocriadora do homem, a força divina do homem. Em outras palavras: o número 9 indica o homem mago.

Quando Cristo disse "Vós sois deuses", estava se referindo às faculdades humanas divinas com cujo auxílio o homem poderia dominar, na vida, o conjunto dos nove aspectos de sua manifestação. O homem é um deus decaído, um decaído filho de Deus.

Existe também um aspecto duodécuplo do homem, pois além dos nove aspectos da manifestação humana também distinguimos, em nossa filosofia, os três aspectos do espírito central ou mônada. O espírito central, porém, não é para ser compreendido aqui como forma, como no aspecto nônuplo, mas como três princípios, três forças: são as três forças de Deus que já apontamos como a vontade, a sabedoria e a atividade divinas que se manifestam na forma nônupla.

Portanto, estas três forças são transcendentais, o que significa que, em princípio, estão fora e acima da criatura nônupla. Esta força divina tríplice, esta centelha divina, é imanente no espaço do nosso cosmo, onde faz nascer a criatura nônupla em favor de sua manifestação-vida.

Em resumo, distinguimos no homem, segundo sua manifestação na forma, uma forma espiritual, uma forma psíquica e uma forma corpórea. Distinguimos também o espírito central, a força divina que emprega a forma corpórea. As formas do espírito, da alma e do corpo constituem um sistema veicular, um tabernáculo. O espírito central ou mônada é o Senhor desse tabernáculo.

Em decorrência do que foi exposto no capítulo precedente constatamos que "não há espaço vazio", o que equivale a dizer que o espaço, o universo, está preenchido pela matéria primordial ou substância-raiz cósmica. Este espaço, o universo no qual vivemos e no qual os astros descrevem suas órbitas, é denominado por nós de o sétimo domínio cósmico ou, ainda, sétima região cósmica.

Portanto, existem seis outros domínios dos quais emanou o sétimo. Nossa noção do espaço se refere a este único aspecto do universo. E o pouco que sabemos se limita exclusivamente a este único aspecto. Átomos de inúmeros elementos provindos de outro domínio cósmico são irradiados diretamente no nosso ou nele são chamados à vida por irradiação procedente daquele outro domínio cósmico. Em outras palavras: por trás dos estados e manifestações efetivas do nosso universo existem causas ainda impenetráveis que são transcendentais em relação à criação e à criatura da sétima região cósmica.

Portanto, o domínio cósmico no qual estamos e vivemos é a região da manifestação. Na aurora da existência humana, o espírito humano central, que tem um aspecto tríplice, foi ligado a um princípio atômico neste espaço. Pelo *fiat* criador do Logos esse princípio atômico foi dividido em duas energias cooperantes: uma masculina e outra feminina, inversamente polarizadas. Estas duas energias, desde o princípio, foram chamadas a colaborar para glória e exaltação do plano de Deus.

Desse modo, o espírito sintoniza-se com a natureza deste sétimo domínio cósmico, no qual ele se manifesta pela fissão nuclear, liberando, assim, duas energias inversamente polarizadas: uma masculina e outra feminina. É por isso que vemos surgir em todas as ondas de vida, em nosso cosmo e fora dele, dois aspectos de manifestação: um especificamente masculino e outro especificamente feminino. Desde o seu aparecimento o ser humano se manifesta como homem e como mulher. Desde a aurora da criação, quando o átomo primordial com sua dupla unidade foi dividido, surgiram dois seres. Veremos em outro capítulo a tarefa que esses dois seres devem executar.

Assim que o espírito central ou mônada se desprende do átomo primordial, como de um ovo, ele se liga a uma forma, a forma espiritual, que também tem aspecto tríplice, e o resultado se apresenta como uma estrutura de linhas de força. Esta forma espiritual atrai forças da substância-raiz circundante. Desse modo, desenvolve-se calor, energia, luz e, assim, a forma espiritual, o homem segundo o arquétipo, é animada. Assim nasce a forma psíquica humana que também tem um aspecto tríplice.

Com o auxílio das forças atraídas e da substância-raiz concentrada inicia-se a construção da forma visível. Dessa maneira, a idéia animada toma uma forma, uma configuração, que é igualmente tríplice. O homem nônuplo, segundo o espírito, a alma e o corpo, nasceu imortal, maravilhoso e onipotente, manifestado pelo Espírito de Deus.

A alma e o espírito se expressam no corpo. O corpo e o espírito manifestam-se na alma. A alma e o corpo se revelam no espírito. Na faculdade mental, que tem sede no santuário da cabeça, o espírito eterno deve expressar-se e refletir-se com perfeição. No corpo de desejo ou corpo astral, cuja sede está situada no santuário do coração, a alma eterna deve manifestar-se. No corpo material, que é o veículo da realização e possui no santuário pélvico um vaso criador de espírito, alma e matéria, o homem imortal deve demonstrar-se e revelar-se.

Se tudo estiver bem, deve ocorrer que: na ação dos princípios da vontade e do pensamento, o espírito e a matéria se encontram no aspecto da alma, que se denomina fluido nervoso; na ação do princípio da sabedoria, o espírito e a matéria se encontram no aspecto da alma que chamamos de sangue material; na ação do princípio da atividade, o espírito e a matéria se encontram no aspecto da alma que denominamos fluido linfático.

Finalmente, e sempre se tudo estiver bem, a alma toda e a forma corpórea total, pelos resultados de sua atividade, se expressam na tríplice forma espiritual – no espírito divino, no espírito vital e no espírito humano – e nela também se demonstram.

No próximo capítulo voltaremos a tratar, de modo mais pormenorizado, de cada um dos nove aspectos humanos. Limitamo-nos, aqui, a uma visão do conjunto e a alguns detalhes fundamentais.

As explanações precedentes devem ter deixado claro ao leitor que não confundimos alma com espírito. Por um lado, a alma torna o espírito luminoso; por outro, ela sustém e manifesta a forma corpórea, tornando-a possível. Na filosofia universal, a alma é designada pela palavra sangue, denominação que engloba todos os aspectos desse grandioso princípio vital. A Bíblia e outras escrituras sagradas são bem claras a esse respeito: "Porque a alma de toda a carne é o seu sangue" (Lv. 17:11) e "A carne, porém, com sua alma, isto é, com seu sangue, não comereis" (Gn. 9:4).

A pena de morte também não pode encontrar justificativa no Gênesis, cap. 9, versículo 6, que diz: "Quem derramar sangue de homem, pelo homem terá o seu sangue derramado", porque não se trata aqui da questão da pena de morte, mas das conseqüências do satanismo (a provocação intencional de sangrias de éteres nos homens que vivem na esfera material). Isso se refere diretamente à lei cármica: "Colherás o que houveres semeado".

O Candelabro de Sete Braços e o Templo Humano

Como vimos no capítulo anterior, a forma corpórea do homem apresenta três aspectos:

1. a faculdade mental;
2. o corpo de desejo, também chamado corpo astral ou campo de respiração*;
3. o corpo material, com a sua contraparte etérica, o duplo etérico.

A forma psíquica possui igualmente três aspectos:

1. a estrutura ígnea ou alma racional: o sangue mental, elo de ligação entre o espírito e a faculdade mental e o santuário da cabeça em geral. É ativa no fluido nervoso;
2. a estrutura de força ou alma emocional: o sangue astral, elo de ligação entre o espírito e o corpo de desejo, que tem seu ponto focal no santuário do coração e é ativa no sangue;

* Ver glossário

3. a estrutura vital ou alma consciente: o sangue material, elo de ligação entre o espírito e o corpo etérico-material, tem seu ponto focal no santuário pélvico e é ativa no sistema linfático.

A forma espiritual também tem três aspectos:

1. o espírito divino;
2. o espírito vital;
3. o espírito humano.

Esses três aspectos atuam, respectivamente, na alma tríplice e por meio dela também atuam na forma corpórea tríplice.

Essa nônupla manifestação humana se acha sob a direção de um princípio espiritual tríplice, sem forma, chamado espírito central ou mônada. Esse tríplice princípio espiritual representa:

1. o princípio diretor;
2. o princípio construtor e mantenedor;
3. o princípio gerador da forma.

Eles manifestam, sucessivamente:

1. a vontade divina;
2. a sabedoria divina;
3. a atividade divina.

É assim que se apresenta a nós o homem duodécuplo, cujos três princípios conduzem a nove manifestações. Este princípio duodécuplo do homem está em perfeita concordância com o zodíaco duodécuplo. É também simbolizado pelos doze pães da proposição expostos diante do Senhor no templo de Jerusalém.

O discípulo no caminho que se torna consciente dessa plenitude duodécupla e que após sua ascensão regeneradora torna-se capaz de empregar de novo, perfeitamente, seu microcosmo, é representado nos Evangelhos como tendo "12 anos".

Belas lendas, belos mitos nos falam dessa criança de 12 anos e conta-se a esse respeito lindas histórias. Gnosticamente, no entanto, devemos ver nessa imagem o homem duodécuplo consciente que oferece ao Senhor seus doze pães da proposição e adentra no templo desta natureza para defrontar os doutores da dialética e combater este mundo.

Assim que o homem religioso ultrapassar o estágio no qual considera a Bíblia um relato histórico ou uma narrativa mística, poderá chegar a sondar as formidáveis profundezas do Evangelho.

Na substância-raiz, no universo, no espaço do sétimo domínio cósmico, encontramos as forças e materiais de que é constituído o homem nônuplo, dos quais e pelos quais ele é mantido em seu ser nônuplo.

Distinguimos, aí, três elementos primários: o fogo invisível, a água viva ou substância-raiz e a luz. Distinguimos também três elementos secundários: o ar, a terra e a água. O obscuro fogo invisível paira sobre a água viva e esse encontro gera calor e luz. Portanto, a luz nos revela o fogo e a água viva. Ora, pela luz, os elementos secundários são igualmente formados da água viva e do calor. É assim que, por transmutação alquímica, as matérias sólidas, líquidas e gasosas são geradas.

Tomemos um exemplo simples que, embora incompleto, dará, até certo ponto, uma idéia daquilo que acaba de ser dito. Quando, numa caldeira, elevamos a temperatura da água até a ebulição, forma-se vapor – ar – bem como um resíduo mineral – terra – restando, ainda, uma massa de água. Se ela, por sua vez, for levada à evaporação, segue-se uma condensação e tornamos a obter água. Assim, o circuito está fechado.

É desse modo que dos três elementos primários vemos formarem-se os três secundários. Ora, descobrimos ao mesmo tempo como esse movimento completo, essa transmutação, esse circuito deve ser movido por uma causa primeira. Essa causa primeira é, portanto, o sétimo ou, em realidade, o primeiro elemento: o Logos.

Portanto, existe uma força sétupla, um Espírito Santo Sétuplo, que concebe, conduz e mantém o Universo. Isso nos fará compreender o que simboliza o candelabro de sete braços que se achava no "Santo" do tabernáculo ao lado da mesa com os doze pães da proposição. Este candelabro de sete braços exprime, entre outras coisas, as sete forças do sétimo domínio cósmico, os sete sublimes elementos dos quais, pelos quais e nos quais o homem duodécuplo cumpre sua missão.

Quando examinamos o homem duodécuplo na magnificência de seu estado de desenvolvimento mais elevado, tal como ele deve ser, pode ser e era originalmente, alimentado e conduzido pela luz das sete estrelas, pelo candelabro de sete braços, pelos sete elementos, compreendemos que ele era e é um verdadeiro filho de Deus, no sentido literal da expressão. Neste estado glorioso, há uma união absoluta, de primeira mão, entre Deus e o homem, um conhecimento e um encontro pessoais.

Deste homem duodécuplo parte uma luz, uma vibração e uma chama de amor para Deus. Nessa oferenda cotidiana, espontânea e interior, vemos estabelecer-se entre Deus e o homem uma ligação baseada numa compreensão de primeira mão. Desta maneira, nos achamos em presença do "Santo dos Santos" do tabernáculo.

No Santo dos Santos, o incensório de ouro é o símbolo do homem glorificado, duodécuplo, irradiante de qualidades psíquicas. Compreendemos imediatamente a loucura, o papel negativo do uso do incenso. O incenso proveniente do íntimo, a força de vibração do ser radiante do verdadeiro homem que realiza e mantém a ligação com os Hierofantes da Luz, em virtude do seu "odor agradável a Deus", como diz o salmista, é assim parodiado pela queima de um incenso artificial, com o intuito de provocar vibrações etéricas.

A seguir, vemos no Santo dos Santos a arca da aliança na qual se verifica o encontro direto com Deus. Na Arca encontramos o vaso de ouro que contém o maná ou pão da vida, o cetro de Aarão e as tábuas da lei, simbolizando respectivamente: o pão que nos é diretamente ofertado; a força universal que se tornou posse nossa; a santa lei que conhecemos e possuímos perfeitamente, da qual e pela qual vivemos.

Essa ligação entre Deus e o homem, entre a Luz e o homem, está profundamente ancorada na Bíblia. Tudo quanto dissemos até agora, da iniciação, da admissão na Hierarquia, assim como da participação ativa na Hierarquia, não é filosofia rosacruciana unilateral, e sim a filosofia universal que transmitimos. Tudo isto que é trazido até nós pela Bíblia não são velhas histórias do passado, mas valores do absoluto e eterno agora.

O homem duodécuplo traz, dentro de si, o tabernáculo ou templo. Já indicamos os três santuários: o santuário da cabeça; o santuário do coração; o santuário pélvico.

No santuário da cabeça vemos a mesa com os pães da proposição e o candelabro de sete braços. Estas forças e luzes representam o zodíaco e o sistema planetário humanos. Os doze signos do zodíaco microcósmico, alimentados e guiados pelos sete elementos, devem irradiar no santuário da cabeça.

A arca e o incensório encontram-se no santuário do coração. O incensório é o esterno, o *sternum*, que significa: irradiador. O "odor agradável" é irradiado pelo esterno, para o exterior e para o interior, e sobe pela coluna vertebral. Por detrás do esterno, no santuário do coração, acha-se a glândula timo, que é a arca da aliança interior.

Na pirâmide de Gizé, esta arca é simbolizada pelo túmulo aberto na câmara do rei. Esse túmulo permanece aberto até que o próprio Deus o feche e sele. Lembramos também a arca de Noé que foi igualmente fechada por Deus, a fim de permitir a Noé navegar pelo mar da vida sem ser perturbado.

O santuário pélvico é a antecâmara do templo e também a realidade à qual retorna o sacerdote interior após o término de seu trabalho no templo. Como foco de atividade, é um centro de forças etéricas (os materiais de construção) alimentado pelo baço.

Anatomicamente, e no que diz respeito às suas funções físicas, os três santuários estão estreitamente ligados. E do ponto de vista espiritual, sua colaboração é um santo e maravilhoso prodígio.

Com efeito, as forças do santuário pélvico, através das oito aberturas do osso sacro (notem o nome!), podem subir pela coluna espinal do fogo espiritual até o "Santo" (que é o santuário da cabeça) e o "Santo dos Santos" (que é o santuário do coração). De lá, pode o sacerdote descer à realidade da vida para construir sua obra a serviço do Senhor.

Nas páginas anteriores pudemos entrever algo do tabernáculo. Mas, afora certa orientação, nada ganhais com isso, pois o tabernáculo humano atual é dialético, pois uma consciência biológica rege o santuário da cabeça; o santuário do coração está subjugado pelas forças psíquicas do homem inferior; no santuário pélvico, as forças etéricas estão em concordância com isso.

O homem atual é chamado a construir um novo templo que, embora tenha certa semelhança com o tabernáculo humano original, difere fundamentalmente deste.

Com efeito, o homem atual não é mais um ser humano duodécuplo completo. Ele o é em princípio, mas na realidade encontra-se bastante mutilado. A forma espiritual e a psíquica só funcionam, a bem dizer, automaticamente. Já não se pode falar em direção, construção, ordenação ou estímulo conscientes do espírito. O estado da alma está em concordância com essa total aridez, com esse estado de sono letárgico espiritual. Da criação divina primordial resta um homem biológico mecânico numa forma corpórea fortemente cristalizada. Já não se pode falar de uma ligação com o Logos, com Deus: o homem é uma realidade mutilada. O fogo sétuplo que arde pela humanidade já não passa de um símbolo. Os pães da proposição, o candelabro, o incensório e a arca tornaram-se simplesmente ornamentos de igrejas.

O antigo templo, o tabernáculo, representava o homem duodécuplo ideal munido dos atributos e forças espirituais de que necessitava. Este antigo templo indicava também, expressamente, que o homem havia sido expulso dele e que já não poderia utilizá-lo. Só os sacerdotes podiam penetrar no Santo. Só o sumo-sacerdote podia, uma vez por ano, ingressar no Santo dos Santos. O homem já não se comunicava com o Logos senão através de um intermediário: o grupo sacerdotal era o elo entre Deus e o homem. Pesada cortina ocultava o Santo. Outra, mais pesada ainda, ocultava o Santo dos Santos. Relativamente ao corpo isso é também um fato. Falamos muito em "auto franco-maçonaria" e dizeis talvez que ultrapassamos a fase clerical. No entanto, o que pode representar a vossa auto franco-maçonaria? Estais atados de todos os lados!

Quando pretendeis fazer o bem, praticais o mal ou o desencadeais. Assim é a lei da dialética, a lei dos opostos que, em alternações sem fim, faz perpetuamente suceder o mal ao bem. Sois prisioneiros da região fronteiriça. E aqui pode surgir uma pergunta, que certamente fareis se fordes sinceros ou estiverdes cansados de experiências e diante de um total impasse espiritual: Como poderei reconstruir o templo? Como reconstruir o homem original?

Isso pode ser feito unicamente na força de Cristo e por meio desta força, sem a qual nada podeis. Já falamos do sangue como alma; da alma como luz; da luz reveladora; da luz que acende o candelabro; da luz como princípio construtor e mantenedor.

Do mesmo modo que no cosmo o Todo se manifesta pela luz, o verdadeiro homem terá de chegar à ressurreição e ser salvo pela luz da alma. Portanto, quando afirmamos que o sangue de Jesus Cristo vos purifica de todos os pecados, isso não é mera repetição de um texto religioso, mas fato puramente científico.

Quando, pela atividade dos quatro éteres santos, esta luz nasce e morre diariamente em vós, o véu é rasgado e encontrais o acesso para o novo templo. Só então vos libertareis da região fronteiriça e superareis a fase do Velho Testamento.

E assim, em toda a sua glória, serão entregues para vós, tal como para João na ilha de Patmos, os sete candelabros de ouro que sustereis, como sete estrelas, em vossa mão direita. Então, empregareis essas forças direta e positivamente no novo templo interior. O incensório de ouro queimará e o túmulo aberto da pirâmide será fechado pelo próprio Deus. Partireis para novas terras.

O Processo de Regeneração e Salvação do Mundo

O capítulo anterior falava sobre o templo humano em relação à composição nônupla e duodécupla do homem e teve como objetivo demonstrar que o aluno, ao trilhar o caminho da libertação, deve chegar a uma nova construção desse templo.

Antigamente havia dentro do homem um templo inviolado, no qual ele vivia em união direta com Deus. A marcha degenerativa da humanidade fez com que surgisse um templo simbólico fora do homem, onde a união com Deus só podia ser estabelecida com o auxílio da magia dos sacerdotes. Este templo externo foi destruído por Jesus Cristo. Ele rasgou o véu que vedava a entrada do Santo dos Santos. Assim, ele novamente liberou para cada ser humano o caminho direto para Deus. A oblação do sangue de Cristo fez Sua força-alma tornar-se uma força atmosférica, na qual todos nós podemos tomar parte. Nessa força, o homem é agora chamado à auto franco-maçonaria, à autolibertação para a construção do novo templo.

Este veemente apelo para a construção do novo templo é irradiado sobre a humanidade e se manifesta sob a forma de um fenômeno atmosférico-espiritual, diante do qual as criaturas humanas podem reagir de dois modos diferentes: pela religiosidade espontânea, natural, ou pelo impulso espiritual da pré-memória.

Existe, ainda, uma subclasse degenerativa de homens que não podem ser incluídos em nenhuma das duas classes acima mencionadas, pois neles não falam nem a religiosidade nem a pré-memória.

O homem religioso sente o impulso atmosférico-espiritual. Ele o experimenta, venera e, conseqüentemente, tenta reagir. Mas, como não possui pré-memória nem consciência gnóstica, não sabe como deve fazê-lo. Por isso, não é possível desenvolver-se nenhum processo regenerador de baixo para cima, nem mesmo um caminho de santificação, nem de iniciação. Em criaturas como esta, desenvolve-se, quando muito, um processo de purificação da vida no plano horizontal: uma mudança de um determinado modo de viver, para a adoção de outro que, no entanto, permanecerá situado no mesmo plano.

Nenhuma renovação estrutural pode ocorrer onde falta o verdadeiro conhecimento. Isso explica a sentença bíblica: "Meu povo se perde por falta de conhecimento". Não "conhecimento" no sentido de noção intelectual, mas o conhecimento capaz de realizar "o renascimento da Água e do Espírito".

O homem religioso comum não se interessa por esse conhecimento porque não o pode assimilar. Ele se submete sem restrição diante das autoridades religiosas, aceitando seja a igreja ou a Bíblia, sejam os dogmas nelas fundamentados. Um homem como este pode ser muito místico, devoto e fervoroso, porém é desprovido de potencialidade de renovação. Assim, ele fica encerrado dentro dos limites dialéticos. Conseqüentemente, a vida mística é caracterizada pelo conhecido aspecto do nascer, crescer e morrer. O homem religioso não vai além da fase do Velho Testamento. O templo exterior continua sendo para ele o tabernáculo e, visto que se perdeu o conhecimento do puro sacerdócio, surgiu o caos, a destruição e a degeneração. Nossa época é o vivo testemunho disso.

O homem continua a buscar um templo fora de si próprio. Ora, esse templo já não existe desde que a força de Cristo se tornou atmosférica. A era crística coloca o homem diante da necessidade de erigir um templo dentro de si mesmo. É por esta razão que todas as tentativas de renovação das igrejas devem fracassar, visto que seus grupos dirigentes, os teólogos e o clero, não podem mais penetrar no Santo como sacerdotes iluminados e nem no Santo dos Santos como sumo-sacerdotes. Para isto, falta-lhes o necessário conhecimento da iluminação, a força e os requisitos essenciais. Não chegam nem mesmo a desempenhar a missão especial que lhes foi proposta pelo Velho Testamento.

Na antigüidade os sacerdotes eram também magos. Um verdadeiro sacerdote tinha de ser um iniciado, um discípulo de uma Escola Espiritual, isto é, de uma escola de profetas. Não é certamente necessária uma longa argumentação para demonstrar que nossas universidades não atendem a esse requisito. Os teólogos modernos não passam de homens religiosos que em nada se distinguem da massa religiosa média.

As igrejas só poderão reassumir seu lugar na universalidade dos acontecimentos espirituais quando de novo se colocarem sob a direção de sacerdotes-iniciados que, muito lentamente, de modo terapêutico, irão se esforçar para libertar o homem religioso dos grilhões da fase do "Velho Testamento" por meio de um novo método mágico.

No capítulo seguinte, vamos examinar se os métodos praticados em certas igrejas e outros movimentos religiosos naturais podem ajudar nesta questão.

Vamos agora comparar o homem religioso com o homem que possui a pré-memória. Este último segue o remanescente atávico de sua realeza e busca um método pelo qual possa realizá-la. Ele quer preencher suas carências e para isso, recorre a experiências mágicas. Ele quer realizar em si, com suas próprias forças, o seu impulso ainda indeterminado. Ele busca alcançar a libertação, por meio de exercícios: ele busca o poder. Vive na ilusão de que é possível alcançar esta realeza em seu estado atual e com os meios de que dispõe presentemente. Ora, isso é impossível: o homem dialético não pode alcançar a realeza. "A carne e o sangue não podem herdar o reino de Deus." E assim se desenvolve um caos impressionante: aparecem mil e um métodos ocultistas e uma incrível quantidade de literatura é lançada no mercado.

O homem natural impulsionado pela pré-memória geralmente não é religioso. Ele admite algo como ritual mágico, mas a verdadeira expressão religiosa lhe é estranha. Ele não busca a direção interior de Deus, não pergunta qual é a vontade de Deus: ele busca a realização e o poder só para si. Se fordes possuidores de pré-memória segundo a natureza reconhecer-vos-eis entre os que acabamos de descrever.

Toda essa atividade ocultista é terrível fadiga, profundo sofrimento, grande miséria. É buscar sem encontrar, esforço sem resultado, caminhar sem luz.

Como já foi exposto, a filosofia universal nos demonstra claramente que a pré-memória é uma necessidade.

Em primeiro lugar, ela nos deve dar a noção de nossa queda: a degradação, a terrível cegueira e a ignorância alarmante. O homem ocultista deve compreender sua condição de filho pródigo e descobrir que é necessário que um novo homem e um novo templo sejam construídos e que o único caminho da libertação é o da reconstrução daquilo que outrora se perdeu. Ele perdeu sua força-luz original, mas Cristo irá restituí-la.

Assim, ele chega a um novo conceito religioso, a uma nova orientação religiosa, porque, então, ele se tornará tanto um homem religioso quanto um possuidor da pré-memória; um homem consciente de sua dependência de Deus, que O ama acima de tudo e tudo espera d'Ele; um homem que, por conhecimento interior, tem consciência de que está em união vivente com Deus.

Ora, só depois que este relacionamento acontece é que a ascensão pode se desenvolver. Assim é que, nesse caminho, são lançadas as bases para o sacerdócio-realeza, para um guiar universal da humanidade.

Este desenvolvimento é postulado pela Rosacruz moderna. Ele abrange esoterismo, ensinamento universal e religião; templo e filosofia; escola interior e igreja.

Como organização, a Rosacruz nada pode fazer para o homem simplesmente religioso. Ela se esforça para tornar religioso o homem ocultista segundo a natureza, despertando nele a verdadeira humildade e a consciência de sua dependência de Deus, a fim de mostrar-lhe, em seguida, o caminho para o alto e precedê-lo nesse caminho. Somente desse modo é que o novo templo interior pode ser construído.

Como é possível que a pré-memória não fale no homem simplesmente religioso? Isso é conseqüência de seu estado mais profundamente arraigado na matéria desta dialética, que fez nascer um outro estado sangüíneo. Esse estado é mais profundamente arraigado, não no sentido de mau, mas no sentido de quase totalmente fechado para o mundo humano original.

O grupo possuidor de pré-memória guardou, desde o princípio, uma ligação com o campo de vida original. E um dos resultados do trabalho da Escola Espiritual é a revivificação da pré-memória em todo esse grupo de pessoas que a possui.

O grupo composto de homens simplesmente religiosos perdeu totalmente a sua pré-memória e por isso é estruturalmente diferente. A causa íntima dessa perda é desconhecida pelo menos para nós. No entanto, temos de levá-la em conta.

O homem com pré-memória, o homem esotérico, pode e deve ser religioso, mas o religioso não pode ser esotérico. O homem com pré-memória pode aprender a tornar-se verdadeiramente religioso com o homem devoto e religioso convicto, mas o inverso é impossível.

Quando as coisas vão mal no campo religioso, quando todas as tentativas de revivificação caem por terra, admiradas, as pessoas perguntam a causa desse resultado negativo. Essa causa, porém, é perfeitamente clara para o homem gnóstico. No entanto, ele nada poderia explicar-lhes, porque não o compreenderiam. É por esta razão que a tarefa do homem com pré-memória é colocar-se, com muito tato, em sintonia com o homem religioso, para poder auxiliá-lo e guiá-lo até certo ponto.

A história do mundo viu este fato repetir-se muitas vezes. Cabe aqui relembrar a história relatada no Velho Testamento sobre o mestre-construtor Hiram Abiff, que ajudou Salomão na construção do templo. Salomão, o homem religioso, desejava ardentemente ver erigido o templo no qual pudesse servir dignamente ao seu Senhor e Deus. Porém, Salomão não possuía as condições de, por si próprio, construir esse templo. Por isso, apelou para o mestre-construtor, o homem gnóstico transfigurado, que conhece o segredo da verdadeira construção do templo divino e possui o poder e a força interior indispensáveis para fazê-lo.

Se as igrejas quiserem sair do impasse em que se encontram, terão de aceitar esta ajuda conscientemente. Ora, isso implicaria o reconhecimento de seu próprio estado desesperador, o que não pode ser aceito nas circunstâncias atuais. Essa colaboração que deverá acontecer mais cedo ou mais tarde, envolve inúmeros problemas.

Na antigüidade, houve épocas em que a igreja – a massa religiosa – era conduzida inteiramente por iniciados, aqueles com pré-memória. Mais tarde, chegou o tempo em que os iniciados restringiram-se a dar assistência na construção do templo, dando instruções e outras coisas desse gênero. Mais tarde ainda, esse contato foi também rompido, iniciando-se a degenerescência que perdura desde então.

Agora não é mais possível para a igreja retroceder no caminho e retornar a uma colaboração parcial, para, em seguida, aceitar a direção do homem com pré-memória. As circunstâncias cósmicas estão completamente mudadas em conseqüência da manifestação do Espírito de Cristo. Por isso, a igreja perdeu seu significado de outrora: a missão que cumpria no passado terminou. Rasgou-se o véu do tabernáculo e o homem não mais pode ser reconduzido à sua infância do Velho Testamento. Ainda que se possa fazer tentativas nesse sentido, elas fracassariam.

É possível e necessário a todo homem, quer seja religioso ou ocultista, estabelecer o contato individual e de primeira mão com a radiação crística, diretamente, sem intermediários, livre de autoridade exterior. Em Cristo, é assegurado a todo homem o caminho para sua própria autoridade interior.

Para atender a essa nova exigência, se faz necessário um novo método mágico. Foi para isso que se constituiu uma nova fraternidade mundial gnóstica que vive de duplo estado: religião e magia. É a nova franco-maçonaria fundamentada numa base positivamente cristã. Em conseqüência dessa magia cristã, foi criado neste mundo um campo de radiação horizontal. Este campo foi criado de baixo para cima, em todos os países da terra, e não pode ser explicado por este mundo. Este campo de radiação é sustentado por uma rede de templos de fogo e abarca o mundo todo, banha toda a humanidade e disso resulta o desenvolvimento de uma maravilhosa reação. O elemento criminoso e verdadeiramente mau será isolado. O homem com pré-memória encontrará a via para a verdadeira senda. E a massa religiosa desfrutará do contato crístico, livre da autoridade dos homens, livre das igrejas.

É assim que se consumará a grande obra de salvação da humanidade pela magia neocristã da fraternidade mundial, sustentada de baixo para cima por um campo de força horizontal. A grandiosa tarefa que repousa nos ombros de todos os gnósticos agora fica bem clara aos olhos de todos aqueles que querem viver nesse campo de radiação. Todos aqueles que são capazes de compreender o chamado da Fraternidade estão convidados a vir e colocar suas mãos no arado, também eles! A grande obra de salvação da humanidade convoca seus obreiros!

A Nova Fraternidade Mundial e os Perigos que a Ameaçam

Recapitulando o que foi explanado até agora para que o leitor possa melhor compreender a conexão entre os vários assuntos tratados, resumiremos alguns conceitos básicos da vida espiritual.

O homem é portador da imagem de Deus. Ele representa Deus em si mesmo. Outrora ele era perfeitamente uno com Deus; Deus nele vivia e ele em Deus. Nele havia o tríplice templo completo: o Santo, como foco do santuário da cabeça; o Santo dos Santos, como foco do santuário do coração; e o Átrio, como foco do santuário pélvico.

Ele era, dentro de si mesmo, o sumo-sacerdote desse templo, o servidor supremo de Deus. Mas era, também, inteira e perfeitamente, o rei de seu microcosmo: todas as forças e todas as faculdades lhe estavam subordinadas. Esta é a razão pela qual foi chamado sacerdote-rei segundo a ordem de Melquisedeque, e Cristo era o líder dessa suprema ordem humana.

O homem caiu desse estado elevado. E isto resultou na degenerescência do seu templo interior e na perda do contato íntimo, a vida em Deus. Então, para conservar a ligação com a humanidade e permitir ao homem reencontrar, apesar de tudo, o caminho de retorno, foi desenvolvida o que denominamos religião: uma tentativa de servir a Deus em um templo exterior, no qual o sacerdote fosse o mediador indispensável. O ensinamento universal desceu com Adão em sua queda.

Essa religião teve sempre dois aspectos: um aspecto exterior, o serviço religioso público, e outro interior, o ensinamento esotérico pelos sacerdotes. Dessa forma, a religião realizava duas tarefas: nutria *com leite* e *com alimento sólido*. O que não significa sem importância e importante, mas que essas duas tarefas correspondiam aos dois tipos humanos: o tipo humano *sem* pré-memória e o tipo *com* pré-memória.

O tipo com pré-memória era o verdadeiro sacerdote: personificava o sacerdócio e a realeza reunidos num só homem. A manifestação religiosa, na forma de organização, igreja etc., era também parte integrante da tarefa da Escola Espiritual, na qual a Hierarquia de Cristo se manifestava diretamente. Portanto, pela iniciação, o homem com pré-memória podia avançar no caminho. Assim, o caminho de regresso estava assegurado para ele.

Além disso, através do serviço religioso mágico e do estado altamente espiritualizado dos sacerdotes, criou-se um campo de força poderoso e irradiante, com auxílio do qual o homem sem pré-memória podia viver uma profunda experiência de santificação, de primeira mão. Assim, embora por outra via, ele também podia progredir.

No entanto, essa manifestação religiosa ideal degenerou devido à malignidade dos homens pois o sacerdócio desses tempos pré-históricos pecou gravemente por mau uso de seus poderes. Este pecado recai sobre o homem com pré-memória. Foi uma falta contra o Espírito Santo, a qual não pode ser perdoada, mas somente expiada por um ato inverso e positivo. Em outras palavras: sob este aspecto, o homem com pré-memória da época atual tem uma falta a resgatar para com toda a humanidade.

Tendo em vista que os dois tipos humanos se afundavam cada vez mais no nadir da matéria devido ao desenvolvimento dramático que acabamos de esboçar, o primeiro sistema de ligação e manifestação divinas não pôde mais ser mantido. E assim sobreveio uma cisão entre a Escola Espiritual e a igreja, apesar de terem mantido, a princípio, uma certa colaboração. Encontramos um exemplo disso na colaboração de Hiram Abiff com Salomão e dos filhos de Caim com os de Set. Essa colaboração, porém, era extremamente tensa. Então, o homem com pré-memória foi auxiliado pela Escola Espiritual, ao passo que o homem religioso foi auxiliado pela igreja, com certa assistência da Escola Espiritual. Entretanto, não se tratava mais de uma vida consciente num campo de força.

A perda dessa vida consciente, de um lado, e o obscurecimento progressivo da luz interior, de outro, gerou o pecado no grupo do templo, entre os guias do templo. O novo grupo sacerdotal, formado de homens sem pré-memória, cristalizou-se. Ensinavam sem conhecimento interior e procuravam apoiar-se na letra morta. Foi assim que os sacerdotes se tornaram escribas e doutores da lei, e a religião se transformou num culto meramente formal, sem conteúdo.

Então, veio o Cristo, que pôs fim a essa fase: o templo exterior, tornado inútil, foi destruído. Cristo colocou os homens diante de uma tarefa totalmente nova e lhes ensinou a construção do templo dentro de si mesmos e a encontrar o caminho de retorno para Deus em si mesmos. Ele ensinou o caminho do renascimento através da reconstrução, ou seja, da reedificação do homem divino original.

A execução dessa tarefa se processa através de uma fraternidade mundial, sob a direção de sacerdotes-rei, a serviço de ambos os tipos humanos. Assim, por meio da realização desta tarefa, o tipo com pré-memória pode resgatar sua antiga dívida. Na nova fraternidade mundial, a Escola Espiritual se dirige a cada homem com pré-memória e o coloca diante do método iniciático da transmutação da personalidade, do renascimento do homem celeste.

Para o homem sem pré-memória, a Escola Espiritual se manifesta de novo impessoalmente, através de um campo de força, sustentado por um sistema de templos de fogo. Nesse campo de força, sem os antigos templos e sem o auxílio dos sacerdotes que tornam o homem dependente e o conservam cego, surdo e ignorante da verdade vivente, o homem sem pré-memória também encontrará Cristo finalmente. Assim ele também poderá ter uma atitude de vida cristã purificada.

Esta é a missão da Escola Espiritual desde o começo de nossa era. E, à luz da realidade que acabamos de esclarecer, é irrefutável que o que denominamos atualmente igreja continua se compondo exclusivamente de escribas e doutores da lei, como acontecia na segunda fase de desenvolvimento do templo exterior. Em virtude de sua falta de conhecimento direto e de primeira mão, aferra-se desesperadamente à letra morta ou, não podendo fazer outra coisa, entrega-se a toda sorte de especulações, uma vez que ela praticamente não participa do verdadeiro e vivente conhecimento de Deus. A igreja mutilou a Bíblia e até hoje influencia a grande massa que, portanto, teria de negar a realidade divina caso ouvisse falar a respeito.

O campo de força que a fraternidade mundial comprometeu-se a estender por sobre todo o mundo – trabalho que atualmente encontra-se em pleno desenvolvimento e é mantido mediante templos de fogo – desligará gradualmente a massa religiosa de seus líderes, de maneira absolutamente impessoal.

Esse processo de libertação interior da massa prisioneira da ilusão realizar-se-á em cada homem, num processo interior. Dessa forma, qualquer luta com a igreja será evitada e os direitos básicos de liberdade, atualmente assegurados a cada um na maioria dos países, serão suficientes. O momento psicológico chegou em nossa era porque multidões sem pré-memória não estão mais tão presas às igrejas como estavam no passado. Já existe uma reviravolta de opinião e uma busca geral que marcam o início do processo interior de desligamento.

O grande trabalho de libertação deve ser executado de baixo para cima para ser realmente redentor. Ele não pode começar do alto. Se isso fosse possível, esse trabalho teria sido completado há séculos.

Ele deve ser realizado de baixo para cima porque a libertação interior é uma questão de consciência e, portanto, de autolibertação. A libertação de cima para baixo, do exterior, não libertaria o homem interiormente, mas o ligaria ao seu libertador. Desse modo, um novo e diferente tipo de dependência seria criado. O homem só se torna livre efetivamente quando possui interiormente a luz, quando já liberou o caminho para a luz dentro de si mesmo.

Portanto, devem existir, de baixo para cima, seres humanos suficientes que: anseiem pela Luz; peçam e busquem a Luz; possuam verdadeiro amor pelos homens; possuam conhecimento interior do verdadeiro caminho; estejam prontos a renunciar ao eu individual, que é a causa de todas as trevas.

Esses homens devem ser recrutados entre aqueles com pré-memória. Logo, todos os homens que agora se encontram nos diversos campos de vida esotéricos devem ser despertados para esse trabalho. É com esta intenção que a Fraternidade da Rosacruz Áurea faz ouvir o seu chamado cada vez mais vigorosamente.

Dessa maneira, demos um breve resumo da obra que está em pleno crescimento para que pudésseis ver com clareza como e com que finalidade a Fraternidade está trabalhando em nossos dias e para incutir em cada aluno-candidato o quanto ele é necessário para essa grande obra. Deve haver suficiente fogo, suficiente potencial, suficiente força espiritual ativa para atender à tarefa que foi exposta e para manter a vitalidade do campo de força. Para este fim, é exigida uma condição mínima. Portanto, que cada homem com pré-memória se torne cônscio de sua grande responsabilidade.

Se tomastes a grande resolução interior de buscar o caminho da iniciação, não para vosso proveito próprio, mas para aprender a servir de forma justa ao grande objetivo, deveis vos tornar cônscios dos grandes perigos que vos espreitam na senda: perigos para vós mesmos; perigos para a comunidade de trabalho formada por todos os alunos; perigos para vossos semelhantes que desejais ajudar e que podem estar aptos a ingressar em nossas fileiras e a auxiliar no grande trabalho.

Alguns desses perigos já foram citados no decorrer de nossa dissertação. Porém, desejamos estudá-los a fundo, apoiando-nos no ensinamento universal.

É importante examinarmos alguns perigos eventuais da religião natural que ameaçam o pesquisador. A religião natural aplica uma determinada magia que não é cristã, no sentido de não ter sido ensinada por Jesus Cristo, e por ter sido tomada dos cultos pré-cristãos, especialmente do bramanismo. O bramanismo, por sua vez, tomou emprestada essa magia dos cultos ainda mais antigos que, por sua vez, a haviam recebido da antiga Atlântida.

Essa magia é uma caricatura da magia dos antigos sacerdotes-rei do primeiro período, quando a humanidade toda se achava sob a direção de verdadeiros magos, conforme já falamos. Neste período, a humanidade ainda não dispunha de faculdade mental autônoma.

Essa magia caricatural é aplicada por um grupo que não dispõe de uma Escola Espiritual e por sacerdotes que não possuem conhecimento interior. A finalidade dessa magia é erguer uma construção espiritual e, portanto, erigir um campo de força que disponha de certa vibração.

Isso parece muito bonito. Porém, um campo de força só tem poder libertador quando é construído e mantido voluntária e conscientemente por todos aqueles que dele participam. No entanto, se a religião natural permanecer por tempo suficiente, ocorrerá uma esterilização absoluta, segundo o espírito e a alma. Portanto, toda magia antiga constitui um grande perigo para o homem moderno.

Quais são, realmente, os efeitos dessa magia? Por meio de ritual cantado e falado numa língua morta, de música especialmente preparada, de incenso, dos mudras dos sacerdotes, de água magnetizada e de outras preparações, os crentes são levados a um certo estado de transe, de negatividade da consciência. Neste estado, dos corpos vitais dos fiéis, certos fluidos (éteres) são subtraídos e, com eles, os espíritos da natureza, chamados inadequadamente "anjos", constroem campos de força.

Assim como um médium fica ligado ao seu espírito controlador, o ser do crente fica completamente aprisionado depois de algumas dessas aplicações mágicas. Escapar deste domínio custa um esforço tremendo para quem tentar fazê-lo. Nas regiões e países em que tal magia pode ser aplicada sem restrições, prevalecem atraso, primitivismo e terríveis condições sociais.

Através dessa magia, a religião natural apodera-se até das crianças nas famílias, ligando-as desde o primeiro instante de seu nascimento e acompanhando o seu rebanho até a hora da morte. Quando a morte se aproxima, ela também cuida de seu aprisionamento *post-mortem*, pois também lá é bem organizada, forte e exerce tanto poder sobre seus prisioneiros quanto o faz aqui. Ela recebe os falecidos que, devido à magia aplicada aos moribundos, estão espiritualmente surdos, cegos e privados de toda possibilidade do despertar consciente na verdadeira luz e quando chega a hora, ela devolve o microcosmo ao campo de manifestação material num estado de aprisionamento quase inviolável. A sujeição é portanto total e permanece total e dessa forma o rebanho é mantido.

Não podemos deixar de mencionar que alguns grupos religioso-naturais saídos do ocultismo copiam a citada magia. Embora sabendo que ela é antiga e perigosa, eles a empregam na suposição de que podem usá-la para o bem. Entretanto, isso é um grave erro.

A magia somente é libertadora quando aplicada do íntimo, de dentro para fora, como conseqüência de um saber interior, e como serviço desinteressado, quando é o resultado da vontade inflamada em Deus. A magia libertadora deve apoiar-se em qualidades interiores.

Aquele que alcançou um estado de consciência suficiente e ultrapassou o estágio de animal de rebanho é pouco suscetível de ser atingido pela aplicação da magia do ocultismo natural. Por esse motivo, os grupos em questão levam existência mais ou menos limitada.

Essas criações religioso-naturais de movimentos originalmente ocultistas alcançaram o fim de seu potencial. Para justificar a continuidade de sua existência, necessitam de uma nova orientação fundamental e de uma ligação vivente com a tarefa dos homens com pré-memória. Desejamo-lhes, de todo o coração, essa nova orientação.

Espiritismo (I)

Conforme já vos expusemos no capítulo VII, o corpo material e a maior parte de seu duplo etérico permanecem, após a morte, deste lado do véu, onde são submetidos ao processo de decomposição. A consciência, com o restante da forma corpórea, passa para o além, a esfera refletora. Queremos agora nos aprofundar no assunto, tratando de um dos flagelos mais terríveis que oprimem a humanidade: o espiritismo.

O corpo etérico compõe-se de quatro tipos diferentes de éteres: o éter químico, o éter vital, o éter luminoso e o éter refletor. O corpo material é mantido por esses quatro éteres. Todas as funções orgânicas e sensoriais, todas as atividades do cérebro e do sentimento são realizadas por meio desses éteres.

Devemos, no entanto, fazer distinção entre os dois éteres superiores e os dois inferiores, visto que eles diferem em vibração: os dois éteres inferiores são de vibração mais grosseira; os outros dois, de vibração mais sutil. A substância etérica com cujo auxílio nós pensamos é de vibração muito rápida, ao passo que, comparativamente, os éteres utilizados na construção das células do nosso corpo possuem vibração mais lenta.

Muitos dos pesquisadores que estudaram a questão chegaram à errônea conclusão de que a presença dos dois éteres chamados superiores em grande quantidade seria indicação de espiritualidade do homem, enquanto que a presença dos éteres inferiores em grande quantidade seria atributo dos homens mais grosseiros. Entretanto, isso é evidentemente falso.

Do ponto de vista espiritual, os éteres luminoso e refletor podem ser infinitamente mais grosseiros, bem mais funestos e bestiais, e pelo menos mais perigosos que os éteres inferiores, do mesmo modo que o ser superior, o homem, é mil vezes mais perigoso que o ser inferior, o animal.

Fala-se freqüentemente de paixões animais. Ora, as paixões do animal são puramente funcionais; elas se manifestam dentro das normas do instinto e do espírito de grupo.

As paixões humanas, sim, são claramente más. Muitas pessoas dotadas de visão etérica se sentem tomadas de admiração quando descobrem numa pessoa determinada atividade dos éteres superiores ou vêem uma entidade operando com auxílio de grande quantidade de éter luminoso e éter refletor. Ora, não nos esqueçamos de que o demônio pode também nos aparecer como um anjo de luz.

O éter refletor é mais especialmente um éter de pensamento. Geralmente, os homens mais malvados dispõem de formidável capacidade mental e de grande quantidade de éter-pensamento.

O éter luminoso é principalmente um éter-sentimento. Todas as atividades emocionais, desde as mais baixas às mais elevadas, necessitam de éter luminoso.

De modo geral, pode-se dizer que os dois éteres inferiores são necessários às funções corporais básicas e que sempre que o homem se manifesta ou desempenha um papel na vida como ser pensante e emocional, são necessários os dois éteres superiores.

Portanto, a posse de éteres superiores não revela, de modo algum, a espiritualidade de um homem. Esta posse demonstra simplesmente que o homem em questão leva uma vida muito ativa, seja no bem, seja no mal.

Os éteres não servem como indicação das qualidades espirituais ou adiantamento espiritual do homem. Aliás, os métodos para comprovar se os espíritos são ou não de Deus nada têm a ver com a ação dos éteres. Sua cor também não nos serve de base, visto que é possível, pela vontade, colori-los de forma diferente.

São tantas as mistificações possíveis nesse terreno que se recomenda com insistência que se desconfie de todas as sugestões e se rejeite inexoravelmente todos os tipos de aparições. Ao aluno verdadeiro são dados outros métodos para alcançar o discernimento.

Assim que o ser humano morre, uma separação temporária acontece no corpo etérico. Normalmente os dois éteres inferiores ficam para traz com o corpo material, enquanto que os dois éteres superiores acompanham temporariamente o falecido, embora um pouco dos dois éteres inferiores seja levado junto. Quanto maior for o apego do falecido à terra durante sua vida material e quanto mais estiver voltado para as coisas deste mundo (o que não significa de natureza má, mas apenas biologicamente normal), tanto maior será a concentração de éteres inferiores ao seu redor.

Nesse estado, ele se dirige ao domínio de transição, que é a esfera intermediária também denominada esfera de purificação ou purgatório. Esse domínio compreende as três esferas inferiores do mundo do desejo, que é o *Kamaloka* da filosofia oriental. Deveis notar que o remanescente da veste etérica que o falecido ainda possui liga-o à esfera terrestre, já que o corpo etérico também é construído e mantido pelas substâncias e forças desta esfera material.

Deve ficar claro que, após o falecido ter deixado o domínio etérico, os restos da roupagem etérica não podem ser mantidos: eles se decompõem, volatilizam-se e depois o falecido não pode conservá-los. Isso é da máxima importância pois assim que os remanescentes da veste etérica desaparecem, chega o momento em que o homem deve assimilar o conhecimento do seu verdadeiro estado de ser. Somente então ele adquire a verdadeira noção do que ele é, para depois partir para a esfera celeste ou a infernal, em concordância com o seu estado de ser. Portanto, compreende-se facilmente que a posse de éteres após a morte determina forte ligação à terra.

Quando o homem acha que sua ligação com a terra é indesejável, quando não sente nenhum interesse nela mas, ao contrário, deseja se livrar dela o mais depressa possível, ele nada fará para se opor ao processo de volatilização dos éteres. Quando, porém, o caso é o oposto, ou seja, o seu interesse está precisamente voltado para a terra e com ela quer manter sua ligação a qualquer preço, ele tudo fará para retardar esse processo de volatilização. Ele tentará repor cada perda de éter e até mesmo aumentar seu suprimento de éteres e, desse modo, prolongar artificialmente sua permanência na esfera de transição.

Aí está a causa do espiritismo e dos fenômenos a ele relacionados, tais como o satanismo, os espíritos ligados à terra e assim por diante. Ela deriva das milhares de entidades na esfera de transição que se dedicam à pilhagem de éteres, parasitando e explorando a esfera terrestre. Os fenômenos espiritistas configuram roubo de éteres. Não só de éteres inferiores, mas, principalmente, dos dois éteres superiores.

Este assunto exige um estudo minucioso e aprofundado, bem como explicação séria, pois se trata de um verdadeiro horror, de um perigo real, ao qual quase ninguém escapa. Todos nós somos vitimados em maior ou menor grau por essas hordas de parasitas de éteres.

Muitas qualidades pouco agradáveis ou pouco virtuosas do nosso ser se desenvolvem em proporções que ultrapassam bastante o nosso verdadeiro estado de ser porque são consciente e propositadamente estimuladas por tais entidades. Um sentimento baixo como, por exemplo, o ciúme, custa éter luminoso a quem o desenvolve. O mesmo ocorre, também, na atividade de oposição, oposição intencional, consciente, seja qual for a razão. Essa atividade custa não só éter luminoso, mas principalmente éter refletor, pois neste caso predomina a função cerebral.

Essas baixas atividades podem ser ativadas muito acima do normal pelas forças do além, a ponto de tornar impossível qualquer autocontrole. Esta sangria de éteres constitui o alimento das lúgubres entidades já mencionadas.

O mesmo acontece quando há cólera, perversidade, melancolia – e não o esqueçamos – também os excessos intelectuais. Esses estados provocam intensas explosões nas quais são despendidas grandes quantidades de éteres. Todas as formas de anomalias psíquicas decorrem da atividade dos parasitas de éter.

Poderíamos nos perguntar se essas entidades tão empenhadas em se manter ligadas à terra não poderiam se abastecer dos éteres volatilizados no esforço e no trabalho dos inúmeros que se voltam para as regiões mais elevadas, ou dos éteres normalmente liberados nos processos vitais comuns.

Milhares tentam fazê-lo, efetivamente; e hordas de elementais parasitam desse modo. Os elementais são seres subumanos que habitam os reinos inferiores da natureza ou são criações do pensamento humano.

Na esfera de transição, são inúmeros aqueles que aplicam esse método. Quando seu apego à terra é causado pela bebida, por exemplo, permanecem nas tavernas e outros locais onde possam saciar-se dos vapores alcoólicos saturados presentes naquela atmosfera. Outras dezenas de milhares sofrem a paixão pela nicotina, mais perigosa ainda do que a bebida. Eles também são encontrados nos bares ou nas casas onde muito se fuma e, principalmente, nos locais reservados aos fumantes. Muitas entidades permanecem perto dos homens a fim de obter um pouco do alimento que cobiçam, por meio dessas práticas de rapina.

É raro encontrarmos uma fotografia que, após um exame aguçado, não mostre vários elementais. Geralmente a chapa fotográfica é mais sensível que o olho humano. Numa foto tomada logo após o falecimento, pode-se ver com freqüência uma ligeira sombra do falecido, que não está livre dos éteres e que ainda não se desligou da terra. Contudo, um fenômeno como esse não dura muito.

Felizmente, esse parasitismo vampiresco não passa de fenômeno transitório para esses infelizes, que não são completamente maus, mas sim pouco conscientes e pouco refinados. Além do mais, não dispõem de éteres superiores suficientes para se manterem. São apenas parasitas repulsivos e asquerosos.

A pesquisa aprofundada demonstra com clareza que é necessária grande astúcia e métodos totalmente diferentes para alguém poder se manter de forma duradoura na esfera intermediária. Para as entidades que procuram manter um estado como este, isso é uma questão de "ser ou não ser". Seu pavor pelas esferas infernais é tão grande, tão intenso, e seu desejo de prolongar a vida é tão dinâmico, que, exercitando esta prática terrível, essas entidades não têm qualquer escrúpulo quanto ao que fazem para se apoderar dos éteres que desejam.

As atividades dos nazistas, sua terrível bestialidade, sua incomparável crueldade e sua paixão pelo assassínio eram literalmente derivados e inspirados pelo satanismo. O satanismo pode exercer tal domínio sobre um ser humano, um grupo ou nação, que se pode dizer que se encarna neles.

Hoje, o satanismo está mais forte do que nunca. Ele paira, como uma nuvem sombria, sobre o mundo. Conseqüentemente, as práticas espiritistas estão mais poderosas e difundidas do que nunca. Centenas de milhares de pessoas são vitimadas por elas. E, teoricamente, a vida da humanidade atual pode ser considerada desesperadora.

Na esfera intermediária, as condições são tão caóticas, a opressão sobre os vivos é tão intensa, abusa-se de tal modo da decência humana ainda existente em muitos, os demônios se acham tão próximos de nós e em tal quantidade, que há dez anos atrás teríamos julgado tal situação uma impossibilidade. Muitos, entre os melhores, são prisioneiros do satanismo a tal ponto, que somos forçados a constatar que o príncipe das trevas estabeleceu seu reino sobre a terra, que o satanismo rege este mundo.

Alguns leitores poderão supor que estamos exagerando, mas estas coisas e estes perigos não foram exagerados. O que parece um profundo exagero e uma fantasia audaciosa é nada mais que uma simples expressão da pavorosa realidade.

Como age o satanismo? Para compreendermos isso, devemos partir do fato de que o corpo vital de cada ser humano tem uma natureza e uma vibração diferentes. Portanto, uma entidade da esfera intermediária não pode simplesmente usurpar éteres estranhos. Sem dúvida ela tenta fazer isto, mas não pode conservar estes éteres por muito tempo, porque eles se volatilizam rapidamente devido à sua fórmula pessoal de vibração. Então, para alcançar seus fins, ela recorre a um método de possessão bem mais refinado: tenta apoderar-se de um ser humano que vive na terra e com o qual possui certa polaridade para fazer nascer, após meses ou anos, o desejado equilíbrio vibratório. Então, poderá comodamente vampirizar os éteres que ambiciona, ou literalmente sugá-los, vivendo desse modo, às custas de sua vítima que, por sua vez, leva uma existência miserável.

Associando-se a diversos cúmplices, essas entidades controlam grupos inteiros, subtraindo determinadas forças etéricas e fosfóricas que assimilam através dos médiuns. Dessa forma, possuem e mantêm seus círculos espiritistas, assim como um fazendeiro mantém porcos, galinhas e vacas, para viver de seus produtos.

Às vezes, acontecem acidentes. Quando os controladores penetram muito profundamente no ser de suas vítimas, a ponto de desalojá-las, o resultado é a loucura. Diante dessa situação muitos deles recuam, já que não podem utilizar convenientemente esse corpo estranho do qual se apossaram, pois também eles levariam uma existência miserável.

Sem dúvida existem certos casos em que essas entidades se vêem forçadas a realizar possessões como estas, por temor de serem expulsas da esfera de transição, por temor dos cúmplices ou ainda por causa da luta entre os vários controladores de um mesmo médium. Tudo é possível a esse respeito.

Muitos problemas e questões ainda existem para serem discutidos tais como a natureza das mistificações, a organização do satanismo, as causas do suicídio, a essência do homicídio em geral, a causa dos atos bestiais e a influência disso na religião e no ocultismo. Acima de tudo, o caminho da cura e do combate a esse flagelo que é o satanismo precisa ser discutido.

Espiritismo (II)

O que é um médium? Respostas têm sido dadas a esta pergunta em todas as épocas. Todas as grandes filosofias religiosas reprovam a mediunidade e advertem enfaticamente contra ela: sempre foi proibido invocar os espíritos.

Seja como for, todos os movimentos religiosos degenerados originaram-se na mediunidade e por ela são mantidos. Entre as tribos e povos primitivos, como, por exemplo, alguns negros, indianos, daiaques, etc., os curandeiros entram em estado de transe e criam, desta maneira, uma ligação com os espíritos que decretam suas leis. A mediunidade é baseada na sensitividade. E, do mesmo modo que existem diferentes espécies de sensitividade, também existem diferentes espécies de mediunidade.

Como essa sensitividade é provocada? Examinemos a esfera aural, também chamada corpo de desejo ou campo de respiração. Essa esfera aural está em perfeita concordância com o nosso estado de ser: ela é um campo de vibração inteiramente harmonioso com a pessoa a quem pertence. Essa esfera só está aberta para o que é de natureza semelhante, uma vez que tudo o que difere dela permanece como que diante de intransponível muralha.

Esse campo vibratório está em concordância com o nosso ser sangüíneo que recebemos de nossos pais e ancestrais e no qual também nosso próprio passado microcósmico desempenha seu papel. Esse campo é mantido em equilíbrio com o estado de nosso sangue, de nossos sentidos e de nossa consciência, por meio da respiração.

Esse equilíbrio é mantido da seguinte maneira: pensar, querer e sentir formam uma triunidade de atividade da consciência, como vimos em um dos capítulos iniciais. Conduzido por essa triunidade, o ser emocional irradia sete raios através do esterno. Essa radiação tanto repele quanto atrai e o que não está em concordância com nosso ser é afastado de nossa esfera aural enquanto que a porta é amplamente aberta para tudo o que está em harmonia com ele.

Quando o campo de respiração foi preparado, a respiração o liga ao sangue através do qual as forças e atividades do campo de respiração são transmitidas a todos os órgãos vitais. Além disso, os centros cerebrais, como focos do pensamento e da vontade, são também diretamente preparados, via osso etmóide, sem interferência do sangue.

Então, em certo sentido, todo ser humano é um médium de acordo com seu estado de ser, pois a consciência está aberta a influências. Assim, podemos dizer que, em grande parte, os homens não são eles mesmos, mas são vividos por forças exteriores. Isso é válido para todos os homens em geral, mas muito particularmente para aqueles que alcançaram certa cultura, portanto, para os servidores da ciência, da arte e da religião.

Podemos chamar as forças obumbrantes e as forças invocadas com nomes agradavelmente sonoros, tais como: Cristo, Espírito Santo, Luz ou Rosacruz, mas, nem por isso deixamos de demonstrar perfeito estado de mediunidade e, sobre essa base, jamais poderemos alcançar a libertação concreta e verdadeira da humanidade. São incalculáveis as influências exercidas por uma multidão de entidades tenebrosas, tanto sobre a religião como sobre o ocultismo.

Os líderes da Rosacruz estão sempre conscientes da necessidade de serem vigilantes e de estarem prontos para lutar, não contra seus amigos, mas contra as forças satânicas que os atacam por intermédio deles. É um fato irrefutável que quando entidades ligadas à terra não podem tirar o melhor de alguém do modo habitual, elas tentarão atacá-lo através de seus amigos.

Devemos afirmar enfaticamente que as forças de Cristo que emanam do Espírito Santo e outras influências genuinamente sublimes jamais penetrarão o sistema de vida do homem desse modo. Elas *jamais* nos controlam e nem se apresentam a nós sob esta ou aquela forma.

Existem diferentes espécies de mediunidade que podem ser explicadas pelo passado do individuo:

1. a mediunidade na qual os processos do pensar, querer e sentir são afetados e controlados;
2. aquela na qual os sentidos são afetados;
3. aquela na qual as glândulas endócrinas são controladas;
4. aquela que leva à possessão;
5. a que leva à loucura.

Esses aspectos principais são suficientes. O resto pode ser deduzido a partir daí.

A primeira forma de mediunidade é a mais comum e afeta toda a humanidade. Ela é praticada de modo organizado, para alimentar e manter o satanismo.

A segunda forma de mediunidade refere-se à supersensitividade de um ou de vários sentidos. Ela é indevidamente denominada clarividência (sendo a visão etérica uma de suas formas). Em seguida, vêm a clauriaudiência, a psicometria, etc.

A terceira forma de mediunidade incita o homem a excessos orgânicos e funcionais e a toda espécie de anomalias.

A quarta forma de mediunidade é aquela na qual se força alguém a abrigar em seu corpo ou em sua esfera aural entidades parasitas que já não podem ser expulsas do sistema.

A quinta forma de mediunidade é aquela na qual a própria consciência do indivíduo é totalmente suplantada. Todas as cinco formas de mediunidade com seus vários sub-aspectos reduzem a vida humana a uma existência sub-humana, mesmo do ponto de vista deste nível terreno e dialético. Dessa forma são desenvolvidas as mais espantosas atividades, aparecem doenças de toda espécie e o homem degenera e vive num mundo abominável de sofrimento e miséria incompreensíveis.

Aqueles que se vangloriam de sua mediunidade são pobres e infelizes iludidos: são doentes que merecem uma atenção toda especial. A mediunidade acentuada é sinal de uma condição extremamente crítica – é prova de um estado de especial receptividade aos espíritos ligados à terra. Porém, essa abertura não significa que o indivíduo é particularmente mau, mas que ele demonstra uma predisposição sangüínea.

O alcoolismo pode ocasionar um alto grau de mediunidade, que conduz ao *delirium tremens*. Efetivamente, o alcoolismo pode queimar os fusíveis naturais do ser.

A dependência de nicotina ocasiona a degenerescência do santuário do coração, do esterno, do coração e dos músculos peitorais e é, freqüentemente, a causa da paralisia infantil.

As entidades que, por qualquer razão, procuram agarrar-se à esfera intermediária e, conseqüentemente, à esfera terrestre, tencionam pilhar éteres e provêm de todas as classes sociais: da massa popular, das classes dirigentes, artísticas, científicas e religiosas. Da mesma forma que deste lado do véu grande número de grupos parasitam o trabalho e o potencial de outros, de onde se originam os abusos sociais, políticos e econômicos, também existem, do outro lado do véu, inúmeras oportunidades de continuar o trabalho de parasitismo. Como lá não existem dinheiro, bens e gozos materiais, resta um único interesse: conseguir prolongar a vida na esfera intermediária.

Deste lado do véu, um parasita não pode comprar um prolongamento de sua vida. Ele bem que o tenta a golpes de enxertos de glândulas de macaco e tratamentos hormonais, mas até agora isso não deu os resultados esperados, apresentando, ademais, grandes perigos. Ele também não pode receber este prolongamento de vida de seus colegas do além. Então, ele só pode obter o objeto de seu intenso desejo vampirizando o sangue vital dos homens deste lado do véu, subtraindo suas forças vitais, crime que ele executa por meio do obumbramento. Para esse fim, ele se vale de inúmeros métodos. Já falamos a respeito deles: na maioria das vezes, são baseados em impostura, em encenação.

Cada grupo de controladores sintoniza-se com a natureza do grupo que dirige. Se este for religioso, ocultista, humanitarista, o grupo controlador também estará de acordo. Cada grupo de controladores procura desenvolver, ao máximo, práticas que estejam em concordância com a natureza do seu grupo. Assim, aparecem grupos com aspirações e tendências médicas, proféticas, humanísticas, religiosas ou ocultistas.

Tomemos como exemplo um grupo de aspirações médicas. O controlador será, na maioria dos casos, possuidor de conhecimentos médicos. Como ele pode estudar o doente a partir de um campo mais sutil, este controlador tem maiores recursos à sua disposição para fazer seu diagnóstico. Sem dificuldades, ele pode acompanhar as atividades de certas forças e venenos no corpo e, assim, tem muito mais possibilidades de encontrar os remédios apropriados. Portanto, a comparação entre um médico do além e um médico sério deste lado do véu se baseia em oportunidades desiguais. Vemos, assim, que há possibilidades incríveis de enganar e explorar um grande número de pessoas.

"Enganar? Explorar?" exclamarão os participantes de tais grupos. "O que dizer, então, do meu braço torto, que foi endireitado? E do nó de meus intestinos, que foi curado? E do desvio de coluna, que foi corrigido? E da minha dor de cabeça, que desapareceu?" etc...

Será que compreendeis a fraude em tudo isso? Os efeitos foram suprimidos, mas as causas profundas, estas permanecem inalteradas. Quando sofreis de dor de cabeça, em conseqüência de um pensamento mau ou errôneo, podeis anular o resultado tomando uma aspirina. Assim, afastais a dor, mas não a causa do mal. Portanto, não estais curados. Combatestes os efeitos e deixastes que a causa continuasse a existir. O fato de terdes conseguido vos livrar do mal não alterou em nada as vossas qualidades espirituais.

Milhões de pessoas estão doentes e têm incapacidades hereditárias por haverem transgredido as leis vitais elementares. Então, procuram auxílio e o recebem, de acordo com o seu estado de ser. Isto ocorre porque a ciência médica se adapta ao estado de ser de cada um. Mas ela não traz a cura. Antes que alguém possa falar em cura, uma arte de curar deverá ser desenvolvida para combater as causas e, principalmente, as causas espirituais; uma terapêutica que combata as causas espirituais com o supremo remédio divino.

A naturopatia é um pálido prenúncio dessa terapêutica que sempre foi empregada pelas genuínas Escolas Espirituais. Atualmente, a medicina natural ainda é muito materialista e dialética. Um verdadeiro curador deve ser, ao mesmo tempo, um verdadeiro sacerdote. Aquele que cura de modo espiritual pode simplesmente recusar auxiliar uma pessoa se sua cura causar uma maior ligação a uma vida má.

O aluno sério deveria compreender que a "cura segundo a natureza" pode ser um meio poderoso de iludir o homem da massa. Por mais sensacional que seja, a cura não revela nada do estado espiritual do enfermo. E também não revela nada do que se refere à sua *verdadeira* cura, nem a respeito do direito espiritual que o doente e o médico têm, tanto de receber como de proceder à cura. A massa pode ser iludida pela aparência exterior da cura, mas o aluno que está na senda perceberá tudo com clareza.

Espiritismo (III)

Mais uma vez queremos chamar vossa atenção para a natureza do engano que infalivelmente deve se produzir em decorrência das práticas espiritistas.

Quando um círculo espiritista é criado numa sala, ele será magnetizado em decorrência da uniformidade dos pensamentos, sentimentos e da vontade de seus membros. O pensamento, a vontade e o sentimento, em conjunto, são dirigidos para a evocação dos espíritos.

Um círculo magnético como este, no qual as esferas aurais de seus membros estão completamente sintonizadas, cria uma luz e uma poderosa irradiação, atraente e pesquisadora, que emana do santuário do coração de todos os presentes, e que pode se tornar numa grande força. A luz também emite som, então, de um círculo como este, um certo tom vibra no espaço. É assim que os espíritos são evocados. E por razões obvias, não se fazem esperar, pois têm o maior interesse no contato oferecido. Às vezes, chegam em grande número, acompanhados por hordas de elementais.

O importante é obter o contato adequado. Então, o médium mais apto para isso é escolhido pela entidade mais forte, porque às vezes é muito difícil penetrar no campo aural do círculo. Como, entretanto, os semelhantes se atraem, naturalmente descobre-se uma abertura. A atmosfera de um círculo magnético como este é uma boa condutora.

Normalmente, o espírito controlador se coloca por detrás do médium. Fixa o olhar na nuca do médium e assim controla, pela medula, os centros da cabeça e do coração e, conseqüentemente, seu pensamento, sua vontade, seu sentimento. O espírito-guia sopra, igualmente, nas narinas do médium, com o objetivo de sintonizar e influenciar seus pensamentos e sua vontade por meio do osso etmóide, para atingir os seus próprios fins. Finalmente, a atmosfera dos espíritos é ligada ao círculo magnético, o que se percebe por um frio intenso.

Quando chega a esse ponto, o espírito-guia começa a falar ou a escrever através do médium, embora tudo o que é dito ou escrito seja somente uma encenação destinada a camuflar o único objetivo, que é o roubo de éteres para ele e para seus comparsas.

Por exemplo, ele poderá dizer, pelo médium, algo como: "Aqui está a Sra. Peters", isto é, a falecida avó de um dos presentes. Então, ele revelará vários detalhes da vida da avó conhecidos exclusivamente pelos membros presentes da família. Às vezes, o médium vê a avó e dá uma descrição precisa e minuciosa dessa senhora.

O membro da família presente, inteiramente convencido, confirma tudo o que foi dito. Como conseqüência, uma corrente de interesse se dirige para a falecida. Sobrevém uma forte explosão de éteres, estabelece-se a ligação com o guia, e o saque é recolhido.

É assim que todo o círculo é extorquido. Um por um, os participantes são tomados. Muitas vezes o guia aconselha que não mais se admita no círculo nenhum novo membro, para evitar interferências em seu domínio. De tempos em tempos é marcada uma outra reunião: e outra refeição de éteres é servida e consumida.

Levando tudo isso em consideração, torna-se claro que estas sessões são nocivas para quem participa delas e que, desse modo, todos são desviados do verdadeiro desenvolvimento espiritual. Estas reuniões também são nocivas para os espíritos-guia que permanecem algemados à sua sombria esfera de existência, não podendo romper suas amarras. Também são prejudiciais para o mundo e a humanidade, porque assim o satanismo é alimentado e conservado.

Os guias empregam todos os meios possíveis para impedir que o interesse do círculo diminua. Os componentes são elogiados, o médium é promovido a adepto, pede-se auxílio para os mortos e faz-se toda espécie de profecias.

Pode-se perguntar se a pessoa em questão era realmente ou não a falecida avó. Na maioria das vezes, não. Como, então, o médium se acha tão bem informado sobre todos os pormenores da avó? O guia experiente lê todas as particularidades da falecida no éter refletor do parente presente. O éter refletor de cada pessoa guarda, com efeito, um resumo fiel de toda sua vida, dos fatos e acontecimentos principais, de seus relacionamentos pessoais, etc. Assim que alguém concentra a atenção sobre um ponto do seu passado, o éter refletor é vivificado nesse ponto permitindo à própria pessoa reler e trazer de novo esse passado ao seu pensamento. Mas outra pessoa também pode fazer isto, desde que tenha tido o necessário treinamento. Quando choramos um morto e, nesse estado de ânimo, com a mente cheia de recordações do falecido, participamos de uma sessão espírita, somos assim enganados.

Então é impossível que a avó se detenha na esfera intermediária? Essa eventualidade só será possível se a avó tiver sido, em vida, uma mulher totalmente má, porque só as criaturas verdadeiramente más se mantêm na esfera intermediária. Muitas entidades se dedicam temporariamente à prática do roubo de éteres que foi descrita, mas logo se enojam desse tipo de existência e abandonam esse parasitismo.

Realmente, o furto de éteres causa uma degenerescência, uma moléstia estrutural que faz com que estas entidades acabem por apresentar um aspecto horripilante. Se a falecida avó permanece em companhia de monstros como estes é porque ela não vale muito como pessoa – e nunca valeu. Caso ela aparecesse em seu verdadeiro estado, seu parente teria vergonha dela e se retiraria, bastante confuso.

O guia também é capaz de se materializar. Para isso, ele atrai ao seu redor um volume suficiente de éteres e de forças fosfóricas que retira dos cérebros e das glândulas tireóides dos participantes da sessão. Essas forças fosfóricas pertencem ao domínio químico de nossa esfera, e são, portanto, perceptíveis aos nossos olhos. Assim, os guias experientes materializam, por exemplo, uma mão, ou uma sombra de alguém. Também podem fazer aparecer um determinado rosto que não é do guia, mas sim uma máscara imaginária. Tudo se torna possível pela maleabilidade dos éteres superiores.

Todas as ciências ocultas do passado mencionam a habilidade dos magos negros de produzir seres sombrios, elementais e formas humanas simuladas. Isso faz pensar no *Golem*, do livro do mesmo nome, de Gustav Meyrink; ou no livro *Burn, witch, burn* (Queime, bruxa, queime), de A. Merrit. Assim, os espíritos ligados à terra também são temporariamente capazes destas criações para enganar o público.

A existência do espiritismo é inegável. Ele se mantém pela curiosidade, pelo sensacionalismo e pela falta de verdadeira luz. Pelas práticas espiritistas é absolutamente impossível chegar a aprender qualquer coisa nova, científica, ou algo de bom que não se possa facilmente obter de outras fontes. Todas as lições morais, espirituais ou intelectuais transmitidas nestas sessões são sempre o produto de furto. São tomadas de empréstimo aos livros sagrados e à sabedoria antiga.

As descrições do denominado país de verão, que é a imitação da esfera celeste no além, e das esferas infernais não podem nos ensinar nada de novo, nada que não pudéssemos aprender de outro modo. A ciência mística e oculta de todos os séculos sempre nos manteve bem informados. Para o pesquisador da verdade, o único meio de adquirir conhecimento é penetrar e conseguir o conhecimento de primeira mão trilhando o caminho da libertação. Então, a realidade de todas as coisas se abrirá para ele, facilitando sua pesquisa pessoal.

Certas pessoas supõem que as práticas espiritistas podem ser muito úteis para convencer os homens da existência de uma vida após a morte. Elas pensam que isso é extremamente importante. Não compartilhamos dessa opinião. Na realidade, quase todos acreditam numa existência do outro lado do véu. Isso é tão verdadeiro para os povos primitivos como para os cristãos. E no entanto, o mundo nunca se encontrou num caos maior.

Às vezes, dizem que o elemento profético nestas sessões espíritas é útil para dar proteção aos habitantes da esfera terrestre e também para auxiliar os que já morreram. No entanto, limitamo-nos a nos referir ao que já foi explicado sobre o parasitismo e a repetir o alerta: não vos deixeis explorar por mais tempo. No que diz respeito a um possível auxílio aos falecidos, lembrai as palavras de Cristo: "Deixai os mortos sepultar os seus próprios mortos".

Quando um microcosmo ligado à roda do nascimento e da morte prepara-se para uma nova manifestação material, ele forma um arquétipo dentro dos limites de seu carma, uma matriz, na qual está armazenada certa vitalidade destinada à futura existência terrestre. A força que flui do arquétipo representa as potencialidades da vida. Quando essa força se esgota, quando esta vela queimou-se totalmente, a morte chega irremediavelmente. No caso de um emprego racional dessa força e de uma correta atitude, a vida será prolongada, porém dentro das possibilidades existentes no potencial que lhe foi concedido. No caso de emprego irracional e estúpido dessa força, a vida pode ser encurtada. Quando alguém, em tempo de guerra, por exemplo, ou por acidente, é arrancado abruptamente de seu corpo, o trespasse pode coincidir com o esgotamento normal do arquétipo. Mas pode se tratar de uma morte prematura que ocorreu quando o arquétipo ainda possuía alguma vitalidade. Neste caso, a reencarnação se dá imediatamente, dentro da vitalidade do velho arquétipo, e a nova personalidade morrerá provavelmente durante a infância ou, no máximo, na juventude. Esse procedimento é necessário devido à existência do arquétipo anterior, cuja vitalidade ainda remanescente precisa ser esgotada.

A morte por suicídio desencadeia conseqüências terríveis. O arquétipo está ainda em plena atividade, mas seu potencial não é mais utilizado devido à perda do corpo material. O sofrimento será horrível, sem possibilidade de alívio pela reencarnação; não há possibilidade de entrar na esfera de transição; não é possível haver purificação e não há nenhuma possibilidade de elevação a uma esfera celeste. Não resta senão a consciência. A experiência mental e moral do ato é repetida sempre de novo, um terror e um remorso sem alívio. A única possibilidade de salvação é que parentes ou amigos, levados pelo amor, consigam entrar em ligação com o arquétipo do desgraçado e aceitem tomar para si seu rejeitado fardo cármico. O suicídio sempre aumenta o sofrimento na terra.

Por que estamos mencionando tudo isto? Porque numerosos espíritos ligados à terra incitam os homens ao suicídio, ao assassínio e a todos os tipos de crimes horríveis. Seus objetivos são claros: as forças que os arquétipos continuam a irradiar também contêm um fluxo constante de vibrações etéricas, transmutadas em favor do corpo material que já não existe. Que magnífica fonte de suprimento para vampiros...

Várias perguntas podem ser feitas agora: Como nos livrar de nossa mediunidade? Como combater o satanismo? Como curar a humanidade desse flagelo? A resposta é: por meio de uma consciente mudança e enobrecimento da vida, de baixo para cima; por uma auto franco-maçonaria, livre de toda autoridade externa; por não permitir que sejamos enganados e pela rejeição resoluta e sistemática de toda e qualquer influência espiritista; por um anseio constante por um conhecimento de primeira mão numa objetiva atitude de vida; por uma mudança fundamental e por nos deixar guiar, por um amor à humanidade sempre crescente e abarcante, sabendo que: "mesmo se possuíssemos todas as coisas, mas não tivéssemos esse amor universal, nada teríamos e nada seríamos".

Hipnotismo, Magnetismo e Imposição das Mãos

Tendo analisado o espiritismo em seus diferentes aspectos, gostaríamos agora de dirigir vossa atenção para outras aplicações extremamente perigosas e muito censuráveis de certas forças.

Hipnotismo

O hipnotismo acontece quando alguém de vontade poderosa faz com que uma pessoa mais fraca entre numa espécie de transe, por meio da aplicação de um método oculto. Assim que a pessoa mais fraca entra nesse estado, ela fará tudo o que o hipnotizador lhe sugerir. Esta prática é magia negra e é, moral e fisicamente, muito perigosa. O transe hipnótico pode ser produzido de duas maneiras: quando o hipnotizador se concentra na medula alongada do hipnotizado ou quando a ele dirige o que se convencionou chamar de olhar hipnótico, isto é, pela concentração sobre os olhos. Quando a dominação hipnótica se estende por longo tempo, o paciente se torna completamente dependente do hipnotizador, já não possuindo nenhum controle sobre o próprio corpo, podendo-se mesmo dizer que ele é "vivido". O hipnotizador pode transmitir suas ordens telepaticamente, mesmo a grande distância e o paciente é obrigado a reagir de conformidade com essas ordens. Esta magia constitui um grande pecado e acarreta necessariamente uma severa punição cármica. Os mais horríveis crimes, como o assassínio, o roubo e os excessos sexuais são perpetrados sob a ação do hipnotismo. Quando o paciente desperta do sono hipnótico, ele não se recorda do que sucedeu, exatamente como acontece com a maioria dos médiuns. Ele sofre apenas as conseqüências físicas de seus atos.

Existem doze pares de nervos cranianos que controlam todas as funções vitais orgânicas e corporais. A concentração hipnótica perturba completamente essas vinte e quatro correntes nervosas. Por fim, a consciência individual já não pode governá-las e o paciente se torna completamente dependente do hipnotizador. Chega um certo momento em que já não pode viver sem ele: exatamente como um dependente químico que já não pode viver sem o seu narcótico, o paciente, sem o seu hipnotizador, se torna um farrapo e pode até considerar essa ligação nefasta como uma manifestação de amor.

Quando uma pessoa se encontra em estado hipnótico, a cabeça do corpo vital se divide em duas partes, que vemos pender sobre os ombros, uma de cada lado da cabeça do corpo material, ou enroladas ao redor do pescoço como um colar. O corpo vital do hipnotizador se coloca em seu lugar. Terminado o estado hipnótico, o restabelecimento ocorre apenas parcialmente e o corpo fica completamente desorganizado.

Considerando que os éteres existentes em torno da cabeça são principalmente éteres refletores, compreende-se por que nenhuma experiência pode ser registrada na mente. É por essa razão que o paciente se torna privado de qualquer lembrança e não pode adquirir nenhuma experiência: para tal pessoa, a vida passa a não ter mais nenhuma utilidade. Trata-se de um crime horrível provocar um estado como este na vida de um ser humano.

Empregar a hipnose com propósitos médicos, como acontece na psicologia moderna, é também, pelas mesmas razões, muito condenável e extremamente perigoso, tanto para o médico quanto para o paciente. Isso porque o médico estabelece uma ligação com seu paciente de tal forma que, com o tempo, o enfermo não é mais "ele mesmo", mas seu médico; pensa, vive e fala como seu médico; nada pode fazer sem ele e vive dominado por suas sugestões, até que, finalmente, seja liberado. Então, talvez esteja curado de um certo complexo, mas estará atingido, a partir daí, pelo incalculável dano infligido às vinte e quatro correntes nervosas.

É sempre errado para o leigo recorrer às forças ocultas que ele não compreende. Pior ainda, naturalmente, quando o mago negro, de caso pensado, hipnotiza sua vítima para alcançar objetivos pessoais e egoístas.

Magnetismo

Quase pelas mesmas razões reprovamos o magnetismo que apontamos como perigo tanto para o magnetizador quanto para o paciente e também para toda a humanidade.

Quando alguém está doente, a verdadeira causa se acha sempre no próprio enfermo. Seus erros passados ou presentes têm um efeito sobre o seu corpo e o enfraquecem, ou o tornam vulnerável a diversos perigos.

O corpo vital é uma cópia perfeita do corpo material. O corpo vital fornece as forças necessárias para a conservação do corpo material. Os éteres planetários e a força interplanetária que atuam sobre esses éteres são transmutados pelo corpo vital e transmitidos ao corpo material. Cada célula do nosso corpo físico possui seu duplo etérico. Conseqüentemente, se a célula etérica estiver sã, a célula material correspondente também o estará. Por sua vez, pensamentos, sentimentos, vontade e desejos influenciam constantemente o nosso corpo vital. Quando um órgão está doente, o órgão etérico correspondente também decai e vibra morbidamente.

Durante a enfermidade, é feito um esforço natural para o restabelecimento do organismo. É o período em que a pessoa geralmente mostra o seu melhor lado: uma pessoa doente é freqüentemente uma pessoa amável. O sofrimento, o medo ou a fraqueza conduzem-na a um certo grau de purificação e de harmonia mental e moral. Desse modo, a enfermidade lhe proporciona a possibilidade de uma restauração da vibração normal e sã do corpo etérico. Se o corpo etérico se restabelece, voltar à saúde física será apenas questão de tempo, a não ser que os órgãos estejam por demais lesados, ou que o doente, mesmo durante a enfermidade, não consiga renunciar à sua verdadeira natureza e que não consiga encontrar o verdadeiro repouso.

Um médico sério pode ajudar muito no processo de restabelecimento das funções naturais recomendando certos medicamentos, prescrevendo dieta ou outras medidas que não prejudiquem os processos fundamentais naturais, mas que, pelo contrário, os reforcem. A inteligência aliada ao saber verdadeiro pode ser de grande valia nesses casos.

Todavia, quando alguém, seja ele médico, charlatão ou leigo, interfere nas funções vitais fundamentais mais profundas do homem, relacionadas com o verdadeiro estado de ser do paciente, sempre comete um erro, ainda que as conseqüências nem sempre sejam sentidas ou visíveis. Um verdadeiro curador pode ser de grande ajuda para o enfermo, pois não cometerá o pecado de intervir nas funções vitais acima ou além do seu próprio estado de ser.

No entanto, é exatamente isso que o magnetizador faz. Introduz no corpo do enfermo suas próprias vibrações etéricas, sem discernimento claro e consciente, sem conhecimento das funções vitais fundamentais e das causas profundas da enfermidade. Assim, seu corpo vital toma o lugar do corpo vital do paciente e desse modo, força a situação, tanto espiritual como fisicamente. Também provoca, freqüentemente, uma perturbação nas correntes nervosas do enfermo e cria uma ligação indesejável com ele. Assume o carma do seu paciente e cedo ou tarde deverá sofrer as conseqüências disso. O tratamento pelo magnetismo acarreta sérios perigos para o próprio magnetizador, para o paciente e para toda a humanidade.

PERIGOS PARA O MAGNETIZADOR

O magnetizador retira os fluidos doentios de seu paciente e lhe dá seu próprio fluido "são". O fluido doente, composto de éteres, sobe ao longo do braço do magnetizador e se associa à substância etérica de seu próprio organismo. O magnetizador tenta se livrar de uma parte desse fluido doentio, sacudindo-o ou lavando-o em água corrente. Esses recursos só produzem efeitos parciais pois, a partir do momento em que o fluido doentio ultrapassa o cotovelo, já não pode ser rejeitado de modo tão simples, visto que se espalha sobre todo o corpo do magnetizador. Sua resistência natural lutará do modo normal contra os miasmas prejudiciais.

Mas, por mais forte e vitalizado que seja, seu organismo acabará por se tornar vítima desse envenenamento contínuo. Assim, todo magnetizador, cedo ou tarde, se tornará vítima de sua profissão, que lhe trará, como efeitos mais comuns, sérias desordens nervosas, doenças cancerígenas e tuberculose.

Perigos para o doente

Pode-se não ter objeções contra este método e admirar seus praticantes, de certa forma, por sua abnegação, não fosse pelo fato de que ele é, também, um grande perigo para o enfermo. Já foi explicado como é retirado fluido doentio do paciente. Ora, esse fluido doentio sempre se acha misturado com éteres sadios que continuamente são hauridos da atmosfera e transmutados no organismo pelas glândulas endócrinas numa vibração que difere segundo a natureza de cada indivíduo. Conseqüentemente, o fluido drenado pelo magnetizador contém forças etéricas que ainda deveriam realizar sua função natural no corpo. Daí se conclui que os órgãos de secreção interna são forçados e sobrecarregados.

Além disso, as forças etéricas que o magnetizador transfere de seu organismo para o do paciente são tão pessoais, e sua vibração tão individual, que nunca podem realizar as funções das glândulas endócrinas do doente, mas causam completa desorganização. As conseqüências são uma redução cada vez maior dos períodos sem sofrimentos e sem queixas e uma ligação muito indesejável entre o magnetizador e o paciente. Esta ligação gera uma associação entre os dois corpos etéricos e muitas vezes traz como resultado efeitos sensuais.

Há outros perigos que envolvem o paciente pois os locais em que o magnetizador trata seus enfermos são depósitos cheios de éteres refugados que formam uma massa pastosa, nebulosa e espessa, de cor cinza-chumbo, que cobre o piso dos cômodos como se fosse um tapete repugnante. Nessa massa, que às vezes chega à altura dos joelhos, ficam parasitando inúmeros germens de vida etérica, extremamente nocivos. É ali, dentro de tal ambiente, que os pacientes são tratados. Desse modo são, às vezes, curados de certa queixa para levarem para casa outros males como "presente". Quando, mais tarde, eles ficarem doentes novamente, quem pode dizer se não foram vitimados pelo sistema de cura magnética? Esses mesmos resultados podem aparecer quando o magnetizador não trata os pacientes em sua clínica, mas em domicílio.

Os magnetizadores que têm larga prática possuem corpos etéricos que apresentam estados de grande imundície. Somente a ignorância das questões esotéricas mais elementares pode explicar o fato de as pessoas se exporem a tais éteres.

Perigos para o público

Essa situação tão deplorável poderia ser suportada, pois todos têm o direito de se deixarem auxiliar ou prejudicar, se estas práticas não resultassem diretamente em danos para a saúde pública. Os éteres drenados do paciente são expelidos tanto nas casas como pelas janelas, muitas vezes em água corrente, ou ainda no fogo, em virtude da errônea suposição de que o fogo seria capaz de destruir os átomos etéricos. O fogo desintegra as formas e os organismos etéricos, mas os átomos etéricos assim liberados estão longe de ser inofensivos.

Os éteres retirados dos enfermos são mais pesados que o ar e, portanto, a limpeza dos consultórios dos magnetizadores pode ser feita. Mas, para onde vão esses éteres sacudidos pelas janelas? Para a rua! Aonde vão os éteres que se transferem para a água corrente? Descem aos esgotos, de onde passam para as fossas, rios ou canais e depois... para a rua. Alguns dos que são lançados ao fogo caem, em parte, fora dele e retornam, transformados ou em seu estado primitivo, para a rua!

Assim, verificamos que o público, sem suspeitar de nada de mau nessas práticas, é exposto a grande perigo, em conseqüência da imundície etérica que, desse modo, é transferida para a comunidade. Esse perigo é ainda mais sinistro porque ninguém pode controlar os seus efeitos, nem pode, em caso de enfermidade, descobrir o menor vestígio da causa imediata. É por todas essas razões que a Escola da Rosacruz levanta a voz contra as práticas de cura magnética e considera que até as mais estranhas formas de medicina ortodoxa são preferíveis a um risco como este.

O ocultismo em todas as suas formas é inaceitável na Escola da Rosacruz. E pelo que foi exposto acima, fica claro porque magnetizadores não podem ser admitidos como alunos.

Imposição das mãos

Freqüentemente, a cura magnética é comparada à imposição das mãos que é um método de cura mencionado nos livros sagrados cristãos. Tal comparação é absolutamente falsa. Para magnetizar, os focos do corpo vital do magnetizador e do paciente devem se interpenetrar. Isto só se torna possível quando os corpos ficam separados por apenas alguns centímetros um do outro. No entanto, assim que os dois corpos se tocam, como acontece na imposição das mãos, seus éteres se misturam, mas não são assimilados. As influências que sentimos, por exemplo, quando alguém nos dá a mão, nada têm a ver com os éteres.

A imposição das mãos faz descer o fogo espinal espiritual para dentro do corpo do paciente. Quando isso se realiza, pessoal e voluntariamente, com o próprio fogo espinal desta natureza, não se obtém nenhum efeito positivo e este ato é ímpio e prejudicial para quem o executa.

A situação pode ser considerada correta quando é o próprio Espírito Santo que faz uso do sistema do fogo espinal espiritual. Porém, o Espírito Santo não cura, mas fortalece o centro espiritual, bem como as forças curativas naturais do corpo do paciente. Enfermos, por exemplo, que em virtude de seu estado interior, são dignos de receber o auxílio do Espírito Santo podem ser curados instantaneamente. Isso pode acontecer também com as crianças, por sua inocência.

O método da verdadeira imposição de mãos não pode ser ensinado na vida comum, nem estudado intelectualmente. Ele pertence à Escola Interna, na qual todo aquele que possui a devida preparação e dignidade pode ingressar.

Atitude de Vida e Vegetarianismo

Nos dezessete capítulos precedentes já explicamos que a atual manifestação humana é antinatural e que, por isso, nosso templo humano deve ser demolido e "reerguido em três dias", assim como o exprime Cristo no Evangelho de João, capítulo 2, quando se refere à sua ressurreição no "terceiro dia".

Trata-se de três processos que devem completar-se em três períodos. Cada período subdivide-se em sete aspectos: é por isso que falamos sobre três círculos sétuplos.

O primeiro círculo sétuplo diz respeito à demolição do templo da forma corpórea desta natureza e à construção de um novo templo ou na verdade, à revivificação do corpo original. Este é o renascimento "pela Água e pelo Espírito", pela água viva, a substância-raiz original, pura e santa e pelo espírito divino.

Deveis compreender que esse processo de reconstrução depende de certas exigências. O mesmo acontece com a demolição. Porém, deveis considerar que não se trata de demolição de algo morto ou arruinado, mas de algo vivo, dinâmico e animado, algo habitado por um ser-alma: um "eu" que oferece resistência. Às vezes, temos que demolir o que durante gerações foi objeto de cultura e, muitas vezes, também de cultura esotérica. Quando alguém está na sarjeta, todos vêem nisso uma necessidade de regeneração. Mas uma pessoa culta, no sentido usual ou esotérico da palavra, sem dúvida se insurgirá violentamente quando confrontada com uma exigência parecida, pois ela tem a ilusão de que seu esforço cultural já é uma regeneração.

No entanto, a total demolição do que é antigo é condição fundamental para todo desenvolvimento espiritual verdadeiro ou, mais corretamente, para qualquer manifestação espiritual. É por isso que a Escola da Rosacruz faz essa exigência. E assim é que surge para o candidato à nova vida uma pergunta urgente: "Qual deve ser a minha atitude de vida?"

Muitos pensam que essa atitude de vida se origina simplesmente de uma certa atitude mental e é o seu modo de pensar que os leva a seguir um determinado grupo, a participar de uma associação. Entretanto, considerando o que já foi explicado até agora sobre o caminho da libertação, não será difícil perceber a limitação e o equívoco de tal opinião. Se o simples fato de pertencer a uma das numerosas igrejas existentes fosse prova de uma atitude de vida cristã, existiriam milhões de verdadeiros cristãos. Em muitos casos, existem excelentes pensamentos neste mundo. As belas filosofias são inúmeras e há um número maior ainda de idéias brilhantes com as quais as pessoas podem perder-se. Temos grande quantidade de belos livros e a atividade intelectual de nossa mente é muitas vezes extraordinária. Também existem aquelas pessoas que sabem muito a respeito da Rosacruz e que, por esse motivo, dispõem de temas muito interessantes para as suas conversas. Porém, se a atitude de vida requerida pela Escola da Rosacruz pudesse ser realizada somente por uma atitude mental, a quantidade de alunos aumentaria, em muito pouco tempo, aos milhares. E ainda resta saber se entre aqueles que hoje se dizem alunos, alguns não se afastarão à medida que as conseqüências da nova era se apresentarem com mais clareza fazendo com que eles já não possam permanecer num estado especulativo, mas sejam forçados a fazer uma escolha definitiva entre aceitar ou rejeitar.

Com o passar dos anos, a literatura, os cursos, as palestras da Rosacruz vêm alcançando milhares de criaturas: pessoas inteligentes e de coração ardente, capazes de compreender e sentir muito bem o valor dos diversos aspectos de nossa filosofia, e que, contudo, não estão conosco porque não querem aceitar certas conseqüências daí decorrentes.

Existem também os que supõem que a atitude de vida se relaciona somente com uma certa moralidade, que ela é uma atividade emocional e não envolve nem um pouco a atitude mental. Estas pessoas são, continuamente, vítimas de emoções e impressões descontroladas. Hoje, se mostram entusiasmadas; e amanhã estão na oposição. Um dia não podem viver uma hora sequer sem a Escola, mas, no dia seguinte, são as primeiras a abandonar a obra. São muito fortes no "pró"; mas são mais fortes ainda no "contra".

E há, enfim, quem acredita que a atitude de vida se limite apenas ao aspecto material. Pensar e sentir encontram pouco ou nenhum lugar em pessoas como essas e elas caem facilmente numa rotina da qual dificilmente se libertam. Quando vêm para a Escola, aferram-se desesperadamente a uma certa visão que elas mesmas criaram a respeito do trabalho. Quando a evolução do pensamento e do sentimento ou as diretrizes que a Escola recebe da Hierarquia requerem diferentes atitudes ou modos de agir, estas pessoas causam o maior transtorno.

A atitude de vida correta se distingue por três características:

1. ela nasce do pensamento;
2. é justificada pelo sentimento;
3. é comprovada pela ação mediante a aceitação das conseqüências.

Aqui, reconhecemos o triângulo da verdadeira franco-maçonaria. Portanto, é lógico que façamos uso dele em nosso trabalho. Todo o resto não passa de auto-ilusão e perda de tempo. A própria essência da Escola da Rosacruz exige veracidade e sinceridade. Conseqüentemente, num livro, torna-se necessário explicar certos aspectos da nossa atitude de vida.

Na Escola Espiritual Cristã Hierofântica, cuidamos da demolição e da nova construção, de um declínio e de uma ascensão. Tudo isso para realizar, de um lado, a desagregação e o aniquilamento desta natureza e, de outro, para realizar a revivificação, a ressurreição e para despertar novamente a natureza divina.

Esses dois processos se interpenetram, dependem um do outro. O homem que é consciente na natureza do pecado, a dialética, deve tornar possível a ascensão à natureza divina. E, considerando que não se trata de demolir algo sem vida, vazio, inabitado, temos de vencer todas as resistências da velha natureza por meio de uma atitude de vida racional, ou, em outras palavras: uma atitude de vida gnóstico-científica.

Naturalmente, há muitas resistências e inúmeros problemas, tarefas e exigências, sobre os quais o aluno deve refletir e aprender a vencer por uma correta atitude de vida.

E tudo pode ser vencido, porque a força da Hierarquia está sempre presente para ajudar o aluno sério. Entre as inúmeras resistências, algumas são bastante elementares, simples e naturais. Podemos considerá-las por alguns momentos, compreendê-las e vencê-las de modo positivo, para depois deixarmos de pensar nelas. Porém, existem resistências muito importantes, muito mais difíceis de vencer, sobre as quais o aluno ouve falar incessantemente, sobre as quais deve refletir constantemente e contra as quais deve sempre lutar.

Mas também há obstáculos e exigências no caminho que podem ser resolvidos de uma só vez, de um só golpe! Isto porque se apresentam claramente ao pensamento, e sentimos a necessidade de vencê-los. O caminho é tão ardentemente desejado que isso nos dá força para ver quais providências são necessárias e, então, tomá-las. Entre as resistências que podem ser eliminadas facilmente estão aquelas causadas pela alimentação de carne animal, o uso do fumo, do álcool e outros entorpecentes. A Escola da Rosacruz coloca perante seus alunos probatórios algumas condições para reforma de vida no campo da alimentação e dos estimulantes; concretamente se constituiria de uma alimentação vegetariana, abstenção de fumo, de álcool e outros entorpecentes, aos quais acrescentamos, para complementar, a abstenção do uso de peles e penas. A Escola não estabelece essas condições em decorrência de nenhum grande significado espiritual que tal reforma de vida possa envolver, mas porque, para o aluno, estas exigências são evidentes, naturais, simples. Se alguém tropeça logo de início contra uma idéia tão natural, se ele recua por tão pouco, seu futuro esforço para o processo de renascimento é apenas ilusão.

O vegetarianismo, com as suas conseqüências, é uma exigência fundamental para o candidato à senda do discipulado. Às vezes, a simples explicação das nossas razões em relação ao vegetarianismo é suficiente para que muitas pessoas se afastem do caminho.

Sabemos que a alimentação e os estimulantes sustentam e mantêm o corpo numa certa condição. A base de toda alimentação compõe-se de forças-luz de vibrações diferentes, conhecidas pelo nome de vitaminas. Um alimento sem vitaminas não tem valor algum. Essas combinações de forças-luz estão presentes em todos os domínios do espírito. Portanto, deveria ser possível manter nossa vida harmoniosamente pela assimilação direta dessas forças. Entretanto, sabemos que o caso não é este. Somos obrigados a consumir combinações de forças-luz – as vitaminas – a partir da mistura com substâncias e forças orgânicas na forma de alimento, porque nosso corpo não está preparado para usar exclusivamente combinações de vitaminas como materiais de construção. Também necessitamos de forças etéricas fornecidas pelo corpo vital, bem como das forças aurais absorvidas pelo corpo astral, e das forças mentais atraídas pela faculdade do pensamento. Existem ainda elementos materiais indispensáveis à construção e manutenção do nosso corpo material. Eles entram em nossa alimentação sob a forma de proteínas, gorduras, sais minerais, etc.

Em primeiro lugar, é importante saber se realmente quereis empreender um processo de regeneração. Se o caso não for esse, não há motivo porque não deveríeis continuar tranqüilamente em vosso atual tipo de vida. Não tem nenhum sentido insistir numa reforma de vossa dieta. Podeis continuar a comer bifes, peixes e frangos, pois não ficareis mais doentes do que já sois. A maior parte do que se diz a respeito disso nos círculos do vegetarianismo extremado é ilusão. Todos temos de morrer, com ou sem vegetarianismo. Nossos avós e tataravós se tornaram, às vezes, centenários, apesar do uso que faziam de toucinho e carne de porco. Nem o álcool e o fumo farão tanto mal se não os consumirmos exageradamente. A dieta moderna, pelo menos, retarda o progresso da cristalização.

Entretanto, quando conscientemente e do nosso íntimo almejamos a salvação da humanidade, o problema da alimentação se nos torna de importância vital. Então, será uma coisa rotineira selecionar os alimentos que não atrapalham os processos de renascimento. Até começareis a gostar desse tipo de comida.

É por isso que na Bíblia, o vegetarianismo não é mencionado, ou somente o é muito pouco e veladamente. É preciso enobrecer-se para isso. O vegetarianismo, por si só, não é libertador, mas consiste, simplesmente, em mudança de tônica.

Se, no entanto, buscamos a verdadeira vida espiritual, a depuração do sangue torna-se uma necessidade. A purificação espiritual do sangue e sua depuração natural devem ser simultâneas. Todas as religiões sempre fizeram esforços nesse sentido. Porém, também fizeram concessões no interesse das multidões: limitaram-se a realizar períodos ou dias de jejum. Isso também ocorreu no cristianismo. Foi por isso que, até meados do século XVIII, a igreja protestante manteve uma certa prática de jejum. Mas os que eram religiosos de verdade, ou seja, aqueles que conheciam o porquê das prescrições no domínio da nutrição, compreenderam que não podia haver concessão nessas coisas. Os essênios, de cuja ordem procedia o Mestre Jesus, eram vegetarianos convictos, pois conheciam a alma de todas as coisas e a unidade de toda vida.

Deveríamos compreender de maneira totalmente diferente o consumo de peixe e a absorção de vinho mencionados na Bíblia em relação a Cristo. Os relatos que se reportam a isto só podem ser compreendidos corretamente a partir do ponto de vista esotérico. Quem busca a purificação espiritual do sangue, mas negligencia a purificação química elementar, assemelha-se ao homem místico que, apesar de tudo, se prende à matéria grosseira, com tudo o que isto acarreta. Em nossa época existem milhões de pessoas desse gênero.

Além das forças etéricas, o corpo e o sangue animal recebem forças aurais ou de desejos e, muitas vezes, até forças que estão além dessas. Estas últimas, encaradas de um ponto de vista mais elevado, são prejudiciais para o corpo humano. Elas o ligam à terra e aumentam suas resistências. É por isso que é perfeitamente compreensível que a Escola Espiritual espere de seus alunos que sejam vegetarianos.

Porém, o vegetarianismo extremado é perigoso para o aluno porque pode provocar estados extremamente sensitivos. Para prevenir isso e abrandar esse inconveniente, as antigas escolas esotéricas permitiam que se bebesse álcool de vez em quando ou que se fumasse por um certo tempo. Porém, um prato de leguminosas como o feijão, de vez em quando, pode produzir o mesmo efeito.

Fumo, Álcool e Outros Entorpecentes

No capítulo anterior, apresentamos, em parte, o modo de ver da Escola Espiritual no que diz respeito ao vegetarianismo. Um aluno da Escola Espiritual Hierofântica é vegetariano porque as células da carne animal criam obstáculos e até tornam impossível a realização da tarefa a que ele se propõe: a demolição metódica, a aniquilação da velha natureza e a revivificação da natureza divina. Portanto, o vegetarianismo é uma condição fundamental para o aluno da Escola da Rosacruz.

O organismo humano é constituído de células de diferentes grupos. Em conjunto, os grupos celulares da mesma espécie formam um órgão específico. Cada célula é um pequeno mundo em si mesma, um microcosmo completo. Cada uma tem seu próprio metabolismo. Elas são alimentadas por forças atraídas pelos seus núcleos, porque os núcleos celulares atraem forças e outros elementos as abandonam depois de nelas haverem cumprido sua tarefa. As células também morrem e são completamente substituídas por outras. Estes processos maravilhosos que atualmente ainda constituem um segredo mais ou menos impenetrável para a ciência material – como, por exemplo, o problema da conservação das células cerebrais – são claros e evidentes para a ciência esotérica, a qual ensina que, sem exceção, é perigoso para os seres humanos utilizarem como alimento células animais.

Esses danos se fazem sentir em três níveis: espiritual, moral e material, causando defeitos espirituais, psicológicos e físicos. Assim, por exemplo, comer peixe inclina à perversidade; carne de cavalo, à cólera; carne de vaca, à estupidez e contenda; carne de porco, à crueldade, grosseria e brutalidade; carne de carneiro, à falsidade, e carne de aves, ao idiotismo.

Povos e homens que se alimentam em demasia de um destes tipos de carne trazem claramente marcada a respectiva característica. Cada célula é um centro de força que se adapta somente ao organismo a que pertence. Por isso, todas as células estranhas danificam o corpo, de um modo ou de outro. Além dos defeitos físicos, psicológicos e espirituais, uma dieta animal provoca uma forte ligação com a terra.

Em sua queda, e à medida que foi afundando no campo de vida material, o homem também foi adaptando sua alimentação ao seu estado de vida. Alguns esoteristas afirmam que essa mudança de dieta é o resultado de uma orientação divina – o que é totalmente falso. Assim como o homem foi, ele mesmo, a causa de sua queda, assim também ele próprio sempre escolheu sua alimentação em concordância com o seu estado de ser. Desse modo, podemos distinguir sete fases:

1. o regime de frutas, composto de produtos do reino vegetal;
2. o regime vegetal;
3. a adição de alimentos produzidos por animais vivos;
4. a adição de carne de animais mortos;

5. a adição do álcool, que obscurece a mente;
6. a adição do fumo, cuja nicotina gera a degradação da esfera aural, anestesia a vida nervosa, isto é, a vida da consciência;
7. a adição de alimentos e medicamentos sintéticos, que provocam distúrbios no corpo vital através da mineralização dos éteres vitais.

Tendo atravessado essas sete fases, atualmente o homem está chegando ao fundo deste estrato. No curso dessas sete fases, a forma corpórea, em sua totalidade, se tornou degenerada, doentia e miserável, simplesmente através dos efeitos dos alimentos e estimulantes.

Se colocarmos ao lado disso todas as outras causas de nossa degradação e se considerarmos a sua interligação com os fatores moral, físico e espiritual, poderemos fazer uma idéia daquilo a que agora estamos reduzidos.

Existem esoteristas que defendem a tese de que o homem atingiu, atualmente, o ponto mais profundo de sua queda e que agora está começando a realizar a sua ascensão. Porém, dizemos que há ainda uma queda mais profunda em outros estratos terrestres. E se podemos falar de um caminho para o alto, de uma ascensão para fora das trevas, isso depende unicamente da decisão pessoal de cada um. A alimentação cristalizante e degeneradora, tão prejudicial, não será retirada da humanidade. Portanto, cada indivíduo terá de renunciar a ela por decisão própria.

Porém, é preciso que estejamos maduros para esta resolução, pois ela não pode ser imposta a ninguém. No início, as pessoas tomam esta decisão sob o impulso da pré-memória guiada e purificada pela Hierarquia. Em seguida, fundamentam essa resolução numa atitude de vida tão ampla quanto possível, na qual nada deve ser esquecido.

Para o candidato no caminho da libertação torna-se necessário libertar-se, primeiramente, dos entorpecentes. Assim, ele estará liquidando a quinta, sexta e sétima fases de sua queda.

Como é do conhecimento de todos, o álcool obscurece a mente. Porém, por menor que seja a dose, ela exerce um poderoso efeito sobre a glândula pineal e a glândula pituitária. O álcool expulsa a consciência positiva e torna a pessoa acessível a todas as espécies de forças e influências negativas.

O fumo, devido à nicotina, produz diretamente a degenerescência de todo o sistema respiratório, do santuário do coração, do sangue, dos órgãos sexuais e do sistema nervoso. O fumo ou tabaco é uma planta de natureza marciana. Esse narcótico marciano afeta o ferro existente no sangue, sua pigmentação vermelha, os órgãos da reprodução, os nervos motores, o hemisfério esquerdo do cérebro, o movimento dos músculos, o corpo astral, o sistema motor da medula espinal e o reto. Ele irrita e causa reações explosivas, violentas e excessivas. Estas são as propriedades patológicas deste narcótico marciano. Entre os efeitos do uso e abuso da nicotina estão a anemia, os desejos sexuais, as depressões nervosas, a paralisia infantil, as afecções da medula espinal, as hemorróidas e o reumatismo. O que o álcool gera parcial e temporariamente, a nicotina o faz continuamente. Isto é: ela faz com que o nosso ser fique completamente dependente das forças terrenas e o submete aos espíritos ligados à terra. Faz o filho pródigo contentar-se com sua comida de porcos.

Além de suas características próprias, os outros entorpecentes produzem efeitos análogos aos do álcool e do fumo.

As substâncias sintéticas contidas na alimentação e nos remédios causam uma desumanização do corpo vital. Este perde sua vibração individual e vai adquirindo uma semelhança cada vez mais crescente com o éter planetário. Desse modo, o homem se torna como um mineral, que é o pior estado de cristalização e materialização. E assim se fecha a corrente.

O candidato que já conseguiu se libertar da quinta, sexta e sétima fases de sua degradação, agora já pode se despedir também da quarta fase: a de alimentar-se de carnes e produtos de animais mortos. Uma vez ultrapassada essa fase, existirá uma base elementar para o grande objetivo de seu discipulado. Porém, no desenvolvimento posterior de seus hábitos alimentares, o candidato deverá agir com a maior prudência possível para não cair no exagero.

Em geral, a alimentação deveria ser composta de frutas, legumes e outros vegetais comestíveis, certas ervas e condimentos vegetais, e também de certos alimentos, como lacticínios, ovos, mel, produzidos por animais herbívoros vivos. A dieta deve ser adaptada às necessidades individuais e temos que agir com muita prudência na prescrição de regras para os outros. Não devemos impor aos outros nossos hábitos alimentares. Afinal, determinado indivíduo pode ter, por exemplo, maior ou menor necessidade de proteína, carboidratos, gordura ou de sais minerais do que outro.

Até agora examinamos este assunto exclusivamente do ângulo da Escola Espiritual e de seus alunos. Entretanto, existem outras opiniões. Existem ainda aspectos éticos extremamente importantes que não devemos subestimar. Julgamos que o vegetarianismo é um recurso muito mais importante para a eliminação das guerras e outras formas de violência do que todos os tratados, convenções, alianças e outras medidas políticas. Afinal, todos os vegetarianos éticos são humanitaristas e todo humanitarista, evidentemente, é contra qualquer forma de violência e é, em todas as circunstâncias, um homem de paz.

É verdade que, às vezes, fazemos objeções com relação ao humanitarismo, mas certamente não neste ponto. O humanitarismo é e permanece dialético, e como tal não pode ser libertador. Mas devemos reconhecer que ele pode ser uma fase importante em direção a uma pesquisa consciente para a libertação. O humanitarismo somente é nocivo quando não vamos além desta fase. De acordo com o vegetarianismo ético, o verdadeiro ser humano não deve destruir nenhuma vida animada, exceto em legítima defesa. Como o aluno da Escola Espiritual também tem grande respeito por tudo o que vive, ele também é vegetariano ético. A única diferença é que sua percepção o torna mais sóbrio e realista.

O vegetariano ético se apieda, com razão, do sofrimento dos animais e abomina a crueldade humana para com eles. As atrocidades contínuas cometidas nos matadouros, a vivissecção e os prazeres perversos da caça enchem-no da mais profunda aversão. Para ele, é incompreensível que as mulheres possam envolver-se com tanto prazer em casacos de peles, sem se comoverem de modo algum com o fato de se adornarem com a pele de animais abatidos exclusivamente por causa delas.

Além dos motivos éticos, também existe uma objeção oculta ao uso de peles e de penas. Os cabelos dos homens e os pêlos dos animais formam um campo magnético com um pólo positivo e outro negativo: um poder irradiante e outro atrativo. Os cabelos e os pelos sempre conservam essas qualidades magnéticas. Quem se envolve em peles de animais será inevitavelmente influenciado por um campo de irradiação animal.

Entretanto, o humanitarista e o vegetariano ético devem compreender bem que seu comportamento de vida, não importa quão desejável seja como fase no caminho para uma vida perfeitamente santificada, não passará de uma simples mudança de tom. Portanto, é necessário que sua consciência se amplie e se aprofunde, porque também somos culpados de causar a morte quando destruímos ou esmagamos os produtos do reino vegetal.

É indiscutível que as plantas reagem a estímulos de dor, embora menos animadas, ou pelo menos, animadas de modo diferente dos animais. Deveis chegar a compreender que, na dialética, um reino é destruído por outro, porque um vive às expensas do outro. Em uma de suas obras, Rudolf Steiner diz: "Quando respiro, o ar morre". E ele tem razão.

Tudo isso deve nos levar a ver que vivemos em um mundo de desarmonia, que cumpre-nos buscar, de modo inteligente e conseqüente o caminho para a ascensão a uma vida superior.

Há, ainda, o assim chamado vegetarianismo utilitário. Tomado nesse sentido, o vegetarianismo tornaria o homem mais saudável. Entretanto, não é bem assim, pois, como terapia, o vegetarianismo pode apresentar vários aspectos importantes; mas, assim como com outras terapias, a cura será apenas passageira se o ser humano persistir em seus erros. Quando muito, o vegetarianismo apenas causa um retardamento no processo das enfermidades. O vegetarianismo utilitário só busca a saúde segundo a natureza. Para que serve tudo isso? Precisamos nos elevar acima desta ordem de natureza!

Atualmente, nossa dieta deveria consistir de frutas, verduras, óleos vegetais, cereais e ervas; leite e seus derivados (com o mínimo de manteiga e queijo), mel e ovos.

Estes produtos diretos dos reinos vegetal, animal e mineral, mantêm nossos corpos em boa forma, dinâmicos e normais.

Porém, depois desta enumeração prática, não nos esqueçamos de que os motivos espirituais do vegetarianismo são essenciais para o aluno no caminho.

A Dupla Unidade Cósmica (I)

Antes de nos aprofundarmos no tema deste capítulo, sugerimos que o leitor tome conhecimento do conteúdo da primeira Epístola aos Coríntios, cap. 11, vers. 2 a 16. Esses versos tratam de uma questão muito delicada: o relacionamento entre o homem e a mulher, o qual degenerou mais do que qualquer outra coisa na vida. É um assunto de importância capital porque, se quisermos trilhar o caminho da iluminação espiritual, precisamos conhecer as leis da dupla unidade cósmica e aprender a viver em concordância com elas. O texto acima citado, que se refere à primeira Epístola aos Coríntios, sempre foi causa de dificuldades e conflitos. Como conseqüência disso, algumas pessoas que se apegam à rigidez ortodoxa continuam a exigir da mulher que use cabelos compridos e que mantenha a cabeça coberta nas igrejas. Apesar disso, o número de mulheres que se insurgem deliberadamente contra essa exigência aumenta. Muitas jovens dos círculos ortodoxos se livraram desse jugo. De várias partes surgem protestos contra os preceitos destes versículos, protestos estes formulados especialmente por mulheres.

Porém, este assunto é realmente sério porque, de acordo com a interpretação exotérica, às vezes é dito que a mulher só tem uma ligação de segunda mão com Cristo. Diz-se que o homem é a cabeça da mulher e que entre ela e Cristo se encontra o homem, assim como Cristo se acha entre o homem e Deus. Compreende-se perfeitamente que as pessoas perguntem o que se deve pensar a respeito disso e suas dificuldades para compreender não diminuem quando se verifica que há ensinamentos semelhantes em outros livros sagrados.

Aliás, é a esses ensinamentos que deve ser atribuído o esquecimento absoluto da mulher por Maomé, em seu sistema religioso. Segundo ele, as mulheres não têm alma e nunca poderão tê-la.

Seja como for, parece claro que os teólogos estão sem rumo para explicar estas coisas. Ninguém mais crê que a felicidade eterna da mulher possa depender de ela ter ou não a cabeça coberta. Os que denigrem a Bíblia encontram nesta discussão um farto material para zombarias. Paulo é descrito como um misógino que deve ter tido dificuldades com uma sogra tirânica autoritária e assim por diante.

Mas tudo se torna diferente quando examinamos essas coisas à luz da ciência gnóstica. O anseio de Paulo ao dizer: "Desejaria que entendêsseis essas coisas", só foi realizado por bem poucas pessoas. Se tratamos deste assunto agora, é porque conseguimos compreender algo disso e porque sentimos sua grande importância e necessidade.

Apesar de conhecerem e professarem a perfeita igualdade espiritual, moral e material entre o homem e a mulher, os rosacruzes reconhecem, entretanto, as grandes diferenças existentes entre os dois. As diferenças físicas, por exemplo, saltam aos olhos. Há três diferenças essenciais que se expressam claramente nos três grandes centros da manifestação humana: o centro pélvico, o centro do coração e o centro da cabeça.

O misterioso processo do metabolismo das células cerebrais é, entre outros, totalmente diverso na mulher e no homem. Existe uma atividade totalmente diferente das glândulas endócrinas, dos átomos-semente e do sangue. A natureza e a temperatura sangüínea também são diferentes. Tudo isso faz com que, inevitavelmente, o homem e a mulher se manifestem de modo diverso segundo a consciência, a alma e o corpo, tanto nos domínios mais sutis quanto na esfera material. Todas essas diferenças podem ser explicadas pelo fato que existe uma diferença entre os arquétipos masculino e feminino, as matrizes espirituais segundo as quais é construída a nossa manifestação tríplice, e o que existe no espírito tem que se manifestar na matéria.

Conseqüentemente, as coisas não acontecem como pretendem certas doutrinas teosóficas e orientais, segundo as quais não existiria diferenciação alguma no espírito. Estas idéias surgiram porque poderiam acabar de uma vez com o tão difícil e complicado problema homem-mulher. Deste modo, procurava-se dar um pequeno consolo à mulher, que na maioria das vezes, foi realmente reduzida a uma posição miserável. Se é ensinado a uma mulher que mais tarde seremos todos iguais, estamos sugerindo que ela deve suportar, aqui e agora, uma injusta *des*igualdade. Esse método também é freqüentemente aplicado nos casos de desigualdades sociais e econômicas.

É fato científico que as diferenças orgânicas fundamentais que existem desde as células individuais dos corpos do homem e da mulher também estão presentes em suas formas psíquicas e espirituais e em seus arquétipos. Elas também foram levadas em conta nos princípios monádicos e no plano de Deus. E não poderia ser de outro modo, considerando-se que tudo quanto existe veio a manifestar-se pelo Espírito.

E assim verificamos que existem: uma criação divina: o homem; e uma criação divina: a mulher. Esses dois aspectos formam, em conjunto, a onda de vida humana e, juntos, deveriam coroar perfeitamente o plano divino e sua própria vocação.

A memória da natureza ensina que o átomo primordial da onda de vida humana possuía dois núcleos, dois seres que, sob numerosos aspectos, eram a imagem um do outro, mas que diferiam organicamente, porque o pensamento espiritual que formou a base destes dois núcleos era diferente. Se pudéssemos ver o homem em sua forma celeste, na qualidade de habitante da ordem de Deus – alguns tiveram esse privilégio – veríamos claramente o homem *e* a mulher. Isso ocorre, igualmente, por exemplo, quanto à onda de vida dos anjos. É sobre todas essas coisas que Paulo baseia suas ponderações, que contêm um importante fragmento da ciência esotérica, tão profundo, que em certos círculos as passagens citadas foram declaradas como não-autênticas.

Porém, se desconhecermos as grandes diferenças fundamentais entre o homem e a mulher e não quisermos compreender o que é requerido de cada um deles, isso nos levará a grandes dificuldades porque é nossa vocação voltarmos a ser verdadeiramente humanos. E só conseguiremos fazê-lo quando tivermos aprendido a corresponder à vocação que nos é destinada como homem *e* como mulher. E, acima de tudo, quando conseguirmos restabelecer o verdadeiro relacionamento, a verdadeira colaboração entre o homem e a mulher.

Muitas pessoas, principalmente nos círculos humanitaristas, se opõem às concepções de Paulo – que eram também as de Cristo – e, portanto, também se opõem a nós. Contudo, não é isso que vai nos impedir de ensinar o que a Hierarquia revelou em sua filosofia universal, pois não é a emancipação da mulher, nem a ânsia de poder do homem, ou a aparente direção do mundo pelo homem o que nos interessa aqui. Nada está mais longe da verdade, pois detrás de cada homem há sempre uma mulher. O que importa é que nos tornemos verdadeiramente humanos respondendo à nossa dupla vocação!

O gnóstico sabe que o homem possui um corpo material polarizado positivamente, um corpo vital polarizado negativamente, um corpo de desejo polarizado positivamente e uma faculdade mental polarizada negativamente. Por positivo queremos dizer: criador, dinâmico, exteriorizador, irradiante; por negativo queremos dizer: receptivo, gerador.

O ser da mulher é polarizado inversamente, portanto, negativamente para o corpo material, positivamente para o corpo vital etérico, negativamente para o corpo de desejo e positivamente para a faculdade mental.

Esta polarização inversa deve ser a base de uma livre e espontânea colaboração harmoniosa. Pode ser a base de um imenso desenvolvimento, de uma gloriosa manifestação que traz com ela a realização da maravilhosa e divina dádiva que o homem recebeu na dupla unidade cósmica.

Quando a colaboração se fundamenta apenas nas diferenças biológicas e psicológicas da maneira como se manifestam na consciência-eu, surge inevitavelmente uma exploração mútua, em que nenhuma das partes faz a menor concessão à outra. Se examinarmos essa colaboração do ponto de vista natural observaremos o seguinte quadro:

a) a mulher sempre tenta influenciar e dominar a mente masculina por meio de sua própria faculdade mental positiva;
b) se conseguir, ela despertará o corpo de desejo positivo do homem;
c) então, pela dinamização do desejo masculino;
d) a paixão do sangue é despertada e, assim, o corpo físico é ativado pelo corpo vital,
e) o que faz com que o corpo material do homem passe à ação.

Desse modo, torna-se agora claro o sentido desta frase bíblica: "A falta provém da mulher". Na prática, isto significa que os dois sexos se prejudicam mutuamente.

Para que o homem seja salvo dos ciclos da dialética, Cristo tem que intervir em seu ser. O Espírito Santo deve tornar-se ativo nele, e a Hierarquia, que é o corpo vivo de Cristo, deve fazer sentir sua força por meio de um caminho tríplice.

A redenção não pode se expressar pela colaboração do homem e da mulher, porque essa colaboração foi perturbada. Portanto, uma força exterior deve intervir para restaurar o processo original. Nesse processo de redenção, o Espírito Santo influencia em primeiro lugar a faculdade mental negativa do homem, em cuja substância cerebral existe um ponto de contato inviolado, onde essa força pode realizar o seu toque: a glândula pineal. Entretanto, este toque só poderá ocorrer após a mudança fundamental. Logo que o mental negativo do homem se torne receptivo ao Espírito Santo e seu sentir e querer, seu corpo de desejo, seja assim ativado para a nova vida, esta condição exercerá grande influência sobre o corpo de desejo negativo feminino, isto é, o sentir e querer feminino.

Então, surge a situação na qual, através do homem, os dois corpos de desejo são impulsionados à atividade pela Hierarquia, a partir do Espírito Santo. Portanto, nesse processo, a mente positiva feminina é conscientemente ignorada.

Entretanto, em virtude do que foi dito, não se deve deduzir que a mulher seja incapaz de receber o Espírito Santo independentemente. Esta suposição seria inexata porque, assim como, após a mudança fundamental, o Espírito de Deus encontra o homem no santuário da cabeça, do mesmo modo encontra primeiramente a mulher no santuário do coração.

Esse encontro de Deus com o homem é principalmente racional, um encontro no fogo do Espírito, enquanto que o encontro de Deus com a mulher é principalmente moral, um encontro na luz da alma. Então, o homem deve transmitir o elemento fogo que recebeu de Deus à alma feminina, ao seu santuário da luz. Os elementos racional e moral, assim ligados, conduzirão o ser humano a irromper à atividade libertadora.

Quando, conseqüentemente, os dois corpos de desejo, ou seja, o sentimento e a vontade são postos em atividade a partir do Espírito Santo, o caminho para a verdadeira ação em colaboração se abre totalmente. Assim se manifesta a atividade libertadora.

Através desse processo, a faculdade de pensamento feminina é restaurada no que diz respeito ao seu aspecto positivo libertador por meio do corpo de desejo purificado e do pólo negativo da mente. Eva, a Mãe dos Vivos, estará habilitada a reassumir sua grande tarefa original.

Somente quando o homem for novamente inflamado pelo Espírito de Deus, a colaboração libertadora se tornará possível: nem antes, nem depois. Chamamos essa colaboração libertadora a dupla unidade cósmica. É sobre esta colaboração que o casamento deveria fundamentar-se. Se não for o caso, o casamento não passa de um fenômeno biológico-dialético, que pode ser útil e pode preservar o casal de uma queda mais profunda. Mas àqueles que participam de um casamento como esse é que se aplicam as seguintes palavras: "aquele que se casa faz bem, mas aquele que não se casa faz melhor" e "é melhor casar do que abrasar." (I Cor.7)

Pode ser demonstrado pela ciência gnóstica que, em nosso estado atual, o único caminho de libertação consiste no processo que pode ser assim esquematizado: Deus – Cristo – homem – mulher. É sobre essa base que o sagrado sacramento do matrimônio foi estabelecido, um sacramento que pode ser uma grande graça, mas também um grande perigo. O casamento biológico não precisa de sacramento.

O que isto tudo tem a ver com o estilo de penteado de uma mulher? Comecemos pela explicação simbólica.

Orar é abrir-se ao ser divino. Profetizar é testemunhar o que pode ser compreendido filosoficamente pela razão purificada, depois que o mistério divino tenha se revelado. Quando um homem fecha sua faculdade mental ao ser divino, para o toque de Cristo, ele se acha "com a cabeça coberta". Quando uma mulher fecha seu coração, seu ser emocional e sua vontade ao toque de Cristo, mas tenta assimilá-lo primeiramente pela faculdade de pensamento, ela se acha "com a cabeça descoberta".

Repetimos que, no homem, o toque divino se produz primeiro na mente e, na mulher, primeiro no santuário do coração. É por isso que o homem é o pensador, aquele que discerne. A mulher é a animadora, a que dá alma. Na qualidade de *Manas* – o pensador – o homem é a glória de Deus, a mulher é a glória do homem. Neste último caso, a "glória" indica a alma, isto é, a luz. Na verdade, isto significa que a mulher nada é sem o homem e o homem nada é sem a mulher.

Para não perturbar essa harmonia, esse equilíbrio, a mulher deve dominar sua mente para refrear sua tendência de deixar o espírito trabalhar através de sua mente, ou, como diz Paulo, "para afastar os anjos (enganadores)". Portanto, esse poder protetor sobre a cabeça não tem nada a ver com o seu penteado. É um domínio consciente colocado sobre a cabeça a partir do interior, pela atividade da luz interna da alma.

A Dupla Unidade Cósmica (II)

Depois das explicações do capítulo anterior, seria útil fixarmos mais uma vez a atenção sobre a grande importância dos cabelos masculinos e femininos, pois há uma diferença essencial entre os cabelos da mulher e os do homem.

Todo fio de cabelo é um organismo e não é constituído de células mortas da pele, como a ciência pretende. O cabelo é parte viva do nosso corpo, mas pode ser destruído, como por exemplo, por tratamento químico. Cada raiz capilar, situada sob a pele, está em ligação com o sangue e com os nervos, e é alimentada por eles. Os cabelos exercem a função de descarregar no exterior as pressões exercidas sobre os nervos e o sangue; e também têm a função de absorver forças para o organismo. Eles são parte integrante do corpo etérico. No que diz respeito à descarga das pressões, é preciso que saibamos que os cabelos da mulher podem ser um campo de radiação. Os cabelos do homem formam um campo de assimilação. Por essa razão, os cabelos do homem têm exigências diferentes dos da mulher, em virtude de sua composição diferente. Os cabelos devem ser bem cuidados e isto é algo muito natural. Entretanto, devido à ignorância, estes cuidados têm sido distorcidos e, por isso, surgiram alguns costumes antinaturais, de um lado, e a negligência e a feiúra, de outro.

Paulo testemunha que os cabelos da mulher foram oferecidos a ela como véu, ou seja, como um campo de radiação. Em conseqüência dessa faculdade irradiante, o resultado do processo de assimilação aural pode ser irradiado para a esfera material. A este respeito, a ciência gnóstica dá uma orientação muito clara e Paulo dá provas de grande conhecimento quando fala a respeito destes costumes antinaturais.

Quanto ao que se refere à colaboração e ao relacionamento entre os dois sexos, será conveniente que nos reportemos uma vez mais às palavras de Paulo em Efésios 5. Neste texto, Paulo testemunha que, se amamos Cristo, se O conhecemos e O confessamos, devemos admitir que o homem é a cabeça da mulher, como Cristo é a cabeça de sua comunidade; que a mulher deve respeitar seu marido e lhe ser submissa, como a comunidade é submissa a Cristo.

Esse trecho da Epístola aos Efésios tem sido muito ridicularizado e a visão de Paulo, rejeitada nos nossos tempos. Esta clássica fórmula matrimonial ortodoxa é omitida pelos clérigos éticos. Talvez o próprio leitor possa sentir protestos se levantando dentro dele. Porém, todas as contestações, todos os protestos e todos os sarcasmos têm uma causa: pretende-se ver e compreender estas coisas somente por meio das normas dialéticas. De fato, as concepções de Paulo serão um perigo se aplicadas como normas de vida da dialética. E fazendo isso, a ortodoxia demonstra grande desconhecimento porque um profundo mistério de salvação está ligado com o trecho citado. Portanto, se um homem de caráter primitivo, depois de ler Efésios 5, disser: "Muito bem, então quem manda sou eu!", ele não passa de um pobre infeliz, e assim também é a mulher que segue os preceitos de Paulo e se comporta como escrava. Por causa dessa incompreensão ocorrem atitudes como o feminismo e a astúcia com a qual a mulher tenta se manter. Se as palavras de Paulo não podem ser compreendidas nem vivenciadas sob a luz da filosofia universal, elas não terão o menor sentido e realmente serão um perigo.

Aprofundemo-nos neste segredo de salvação. Uma perfeita dupla unidade cósmica se manifesta, tanto em sentido geral como em sentido particular, no reino da luz, que é a ordem de Deus, o reino dos céus, o Reino onde vive e está o verdadeiro homem celeste. Nesse Reino, não é o hermafrodita, mas a perfeição das duas ondas de vida da humanidade que se manifesta.

Na dialética, o casamento é meramente um fenômeno biológico no qual a colaboração harmoniosa se torna impossível por causa do antagonismo gerado pelo instinto de autoconservação. Na dialética, o casamento só é santificado quando se torna um portal para a eternidade, quando ele existe nos processos da Estática. Somente então esta colaboração pode ter significado na desolação deste mundo. Paulo dá testemunho disso nestes termos: "Grande é este mistério, mas eu falo em referência a Cristo e à eclésia." Aquele que não pode desvendar este mistério está diante de um problema insolúvel.

No capítulo anterior foi explicada a estrutura cósmica do homem e da mulher e em especial, sua polarização inversa. Ela se fundamenta na vocação divina que as duas ondas de vida receberam para se tornarem um só ser, dois seres em um, por mútua colaboração.

Quando, no alvorecer dos tempos, a humanidade separou-se da ordem divina e mergulhou neste campo de desolação, todas as lembranças de sua unidade original foram banidas de sua memória. A humanidade pré-histórica do campo de vida dialético não era assexuada, mas era sem lembrança e inocente.

Ora, considerando-se que nenhuma criação ou regeneração é possível em qualquer campo de vida sem a colaboração dos dois pólos humanos, fez-se necessário que a humanidade no campo de vida dialético se tornasse novamente consciente de sua dualidade. Daí se explica a frase do Gênesis: "Não é bom que o homem esteja só".

Então, Deus fez descer um profundo sono sobre Adão, isto é, sobre A.D.M., a humanidade. Por meio do Espírito Santo, verificou-se um duplo obumbramento: um sobre o homem, outro sobre a mulher. Este obumbramento foi chamado de sono ou de êxtase. Através deste sono e da influência exercida sobre a consciência foram tocados os dois santuários da luz, os centros do coração, diretamente no caso da mulher e, no caso do homem, por intermédio de seu mental receptivo. Ao despertarem, os dois se tornaram conscientes um do outro. Então, desenvolveu-se um verdadeiro laço de amor. A mulher nasceu da costela do homem e o homem, da costela da mulher.

"Que tolice!", podereis dizer. Quando um homem e uma mulher reconhecem um ao outro, em um laço de amor perfeitamente puro e casto, este reconhecimento se verifica por intermédio do fogo espiritual espinal que acende uma luz através de uma das costelas, no santuário do coração. O esterno, a glândula timo e algumas partes do coração desempenham importante papel. Assim que essa luz arde no coração, um reconhece o outro. Ele e ela despertam do sono do esquecimento e inicia-se o processo de colaboração consciente.

Não é demais insistir que esse "reconhecimento" se refere, efetivamente, ao relacionamento cósmico original e impessoal e que o impulso em direção ao outro e o anseio de colaboração consciente se apóiam nele.

Era isso o que ocorria na aurora de nossa existência, no campo de vida dialético, e assim é em nossos dias. Esse reconhecimento, porém, somente é possível para a alma que está pronta para ele: a personalidade terrena não é capaz disso. Devido à grande degenerescência que se desenvolveu através dos séculos, a faculdade cósmica de reconhecimento degenerou totalmente, tornou-se um labirinto, banalizado e profanado, em concordância com nosso atual estado de ser.

O ensinamento original coloca novamente o aluno diante da exigência e do plano divino para o mundo e a humanidade, diante de Cristo e da eclésia, da revelação pura e da lei original. E assim, sobre a base original, segundo o método original, é que os irmãos e irmãs da Escola Espiritual se reconhecem uns aos outros.

O reconhecimento também se dá, do mesmo modo, quando duas almas são chamadas para trilhar, em colaboração, o caminho da luz. "O homem ou a mulher que vê essa Luz deixa pai e mãe e se une ao seu par. E esses dois se tornam um único ser (cósmico)". Quando compreendeis esse processo e a estrutura cósmica do homem e da mulher, estas palavras de Paulo passam a ter uma clareza evidente para vós.

Vejamos agora em Mateus 19: 1-12 o que Cristo diz a respeito dessas coisas. Portanto, já não é nem a palavra de Paulo e nem a do Velho Testamento. Os fariseus vieram para tentá-Lo. Trouxeram com eles a realidade rompida e todo tipo de contorções mentais dialéticas e de negações.

Eles tentavam esquivar-se da grande tarefa, buscando um acordo. "Não posso evitar isso?", pergunta a realidade corrompida. "Não lestes...? Por que Moisés prescreve normas para o casamento dialético?" (como Paulo em 1 Cor. 7!) A resposta é: "por causa da dureza de vossos corações, por causa da atual confusão dialética em que se encontra o mundo". Mas no princípio não era assim.

Os alunos que vêem isso claramente dirão, como os discípulos do Senhor: "Se é assim, então seria melhor rejeitar o casamento terreno, dialético". Esse modo de ver, sem dúvida, não é essencial e pode ser até extremamente perigoso. Com efeito, em certos casos, em certas situações, será preferível não contrair casamento no sentido dialético. Mas, em geral, não podemos nem devemos ignorar as bases fundamentais da existência. Não devemos escapar à estrutura cósmica das coisas. Precisamos fazer, na força de Cristo, algo de belo e glorioso. O aluno no caminho é perfeitamente capaz de triunfar nesse sentido.

Na Escola Espiritual existem três categorias de pessoas:

1. os circuncidados de nascença;
2. os circuncidados pelos homens;
3. os circuncidados por decisão pessoal.

Estas expressões foram freqüentemente usadas como sinônimos de "castração", "negação do casamento". Entretanto, no sentido bíblico, a circuncisão é precursora do batismo. Circuncisão e batismo querem dizer: ser religado à força de Cristo, à Hierarquia.

Existem pessoas que conseguiram essa ligação mágica numa existência anterior. Existem outras que, graças ao auxílio da *Benedictio,* conseguiram realizá-la atualmente. E outras que a obtêm por esforço próprio. Todas essas pessoas que portam o homem celeste em crescimento, em decorrência da mudança fundamental, nada têm a recear dos perigos do casamento dialético. Elas têm condição de manter a correta colaboração. Para estas pessoas, o casamento transitório, caso surja em seu caminho, pode perfeitamente ser uma porta para a libertação. Quem pode compreender, que compreenda.

Nossa Atitude Quanto ao Estado e à Política

Freqüentemente somos interrogados a respeito do relacionamento da Rosacruz com o Estado e a política e problemas correlatos, como por exemplo, o do militarismo. Com o passar dos anos, isso tem feito surgir numerosos conflitos.

Quando a Rosacruz explica seu ponto de vista sobre essas questões, às vezes os alunos não conseguem evitar um sentimento de solidão, pois fica evidente que, de um modo geral, a Rosacruz tem uma posição muito exclusiva. Nenhum grupo de classe média concorda conosco, nem encontramos apoio nos grupos religiosos ou políticos e muito menos nos grupos humanitaristas. O humanitarismo em especial, que se diz antimilitarista, nos hostilizou muito no transcorrer dos anos. Desagradamos particularmente as damas militantes habituadas a festejar anualmente sua marcha pela a paz.

Em nosso trabalho podem surgir situações onde ocorram divergências entre opiniões profundamente arraigadas, às vezes sérias e dolorosas. Mas isto certamente não acontece quanto às questões políticas, pois elas não nos afetam. Pelo contrário, podem ser muito esclarecedoras e quando surgem, sabemos que o conflito que resulta disso acabará levando finalmente a uma escolha decisiva: querer ou não querer ser aluno da Escola Espiritual, no pleno sentido da palavra, e querer ou não querer trilhar a senda da Rosacruz.

Nenhum proveito pode ser colhido em qualquer tipo de trabalho quando se acumulam tensões resultantes de opiniões divergentes. Se desejardes aproximar-vos do campo de trabalho da Rosacruz, devereis refletir bem antes de iniciar. Clareza é de fundamental importância. Se sentirdes que não podeis aceitar este ou aquele ponto, é melhor não vos unirdes a nós.

A Escola da Rosacruz Áurea propaga o ensinamento universal, portanto, não há motivo para debates pois não estamos transmitindo a nossa opinião pessoal. Podeis considerar esta filosofia esclarecedora ou primária, perigosa ou libertadora, mas isso não é importante para nós. Nosso objetivo é apenas fazer contato com aqueles que pertencem ao nosso campo de trabalho, e eles virão, apesar de tudo.

Como temos dito freqüentemente, estamos em meio a uma revolução mundial e os anos que estão por vir serão marcados por violentas perturbações. Tudo o que irá se desenvolver será de tamanho interesse que, por natureza, prenderá a atenção ao máximo. Todos serão chamados a participar cada vez mais, e sentirão o ímpeto de desenvolver incessante atividade na linha horizontal. Isto pode criar a impressão de que nós também não poderemos deixar de tomar parte nessas coisas.

Entretanto, a Rosacruz alerta seus alunos para não tomar partido neste vasto turbilhão de atividades dialéticas, para não se lançar de cabeça nesse fogo de destruição, mas para guardar sua capacidade, sua força e vitalidade para o trabalho que a Escola Espiritual requererá deles. E esse trabalho será muito concreto, claro e vital.

É preciso compreender nitidamente que não estamos querendo que vos retireis da vida dialética, mas que a posição da Rosacruz é simplesmente uma conseqüência da senda que ela proclama e ensina a seus alunos, pois essa senda os leva a "estar neste mundo, mas não ser deste mundo". E, antes de tudo, o aluno deve cuidar de já não pertencer a este mundo, pois só assim poderá agir no mundo, segundo as exigências da Hierarquia. Então, ele será um mestre, um possuidor da Pedra.

No *Diploma de Bacstrom,* um antigo documento de admissão à Fraternidade da Rosacruz, escrito em 1794, é dito: "Prometo solenemente, caso venha a tornar-me mestre, um possuidor da Pedra, nunca assistir, ajudar ou sustentar, com ouro ou prata, ou por qualquer outro meio, qualquer governo, príncipe ou soberano algum, a não ser o pagamento de impostos, e tampouco ajudar qualquer grupo ou setor de um povo a fomentar insurreições contra o governo. Deixarei os negócios públicos e os decretos ao governo de Deus, que executará os acontecimentos já preditos no Apocalipse de João e que rapidamente se aproximam. Não interferirei em negócios do Estado."

Mesmo uma leitura superficial dessa declaração revela que uma pessoa de orientação humanitária ou clerical não pode estar de acordo com este programa, pois ele lhe parecerá excessivamente neutro. Entretanto, o possuidor da Pedra não é conservador nem reacionário, não pende para a direita nem para a esquerda. Coloca-se com os seus dons do espírito, representados no diploma pelo ouro, e com os da alma, representados pela prata, a serviço exclusivo do governo de Deus – o que significa que conhece a Hierarquia de Cristo e está a seu serviço na dialética. Ele não serve a nenhum esforço nascido de pensamentos dialéticos. Ele se mantém afastado de todos os acontecimentos políticos, sociais e econômicos deste mundo, e também de todos os governos que personificam e simbolizam esses eventos.

O possuidor da Pedra vê, do alto, um torvelinho infernal, uma luta no campo de vida dialético. Ele busca uma saída que existe! Ele busca uma luz que existe, uma solução que existe! Em resumo: ele verifica a existência de uma profunda e imensa insanidade – o descarrilamento da máquina mundial. Então, ele já não se põe a gritar com as hordas presas na ilusão. Já não prega no peito um distintivo dialético, mas se prepara para trabalhar neste inferno, como lhe foi incumbido pelo governo de Deus, pela Hierarquia de Cristo. Portanto, o que ele faz é perfeitamente justificado do ponto de vista da ciência gnóstica.

Isto pode acontecer em toda parte. Conhecemos irmãos que, num dado momento, defendem idéias profundamente humanitárias que podem ter conseqüências especiais, e outros que são ativos em círculos conservadores, liberais, capitalistas. Conhecemos também irmãos na [antiga] União Soviética, como também no campo anarquista e no terreno rigorosamente ortodoxo. Todos trabalham sem se prenderem a isto e se mantêm totalmente livres para poderem se retirar no tempo certo.

Desse modo é conduzida uma luta ampla e inteligente visando a libertação da humanidade, uma luta que poderia ser qualificada de antidialética. É por isso que nenhum irmão se deixa prender nem deter por *slogans* ou idéias dialéticos.

Através da atividade da Hierarquia, da Fraternidade Universal neste mundo, Cristo se torna um dos nossos enquanto continua não sendo deste mundo, sob nenhum aspecto, pois seu Reino não é da dialética. O mestre da Pedra está a Seu serviço e O segue em seu caminho. Trabalha na dialética porque a população do reino dos céus deve ser retirada deste mundo, porque o homem caiu do Reino e deve ser conduzido de volta a Ele. Como o mestre da Pedra é ativo no mundo material, ajudado pelos seus auxiliares e seu campo de força, as pessoas querem aproveitar-se dele para seus próprios fins. Elas argumentam: "Pretendeis estar a serviço do amor, da bondade, da verdade e da justiça, da liberdade, igualdade e fraternidade, da não-violência? Pois bem, então trabalhem sustentando-nos em nosso trabalho".

Mas os trabalhadores da Escola Espiritual não farão isto. Eles seguem sua própria linha de ação. Apesar de estarem no mundo, não são deste mundo.

O que acabamos de ver nos faz compreender por que os grupos que desejam realizar objetivos dialéticos empregam o nome de Cristo. Cada um encontra seu próprio texto, de acordo com suas próprias conveniências, sejam de extrema esquerda ou de extrema direita. Isso também explica por que eles acham que podem usar a Rosacruz para qualquer finalidade de sua escolha, supondo que sua filosofia possa tomar qualquer direção. Quando recordamos nossas experiências, vemos claramente que sempre tentaram nos arrastar para todos os lados, fazendo-nos sentir que: "isto estava certo, mas devia ser mais reforçado, aquilo estava errado e devia ser menos enfatizado". Concordam aqui e discordam totalmente ali. Lançam contra nós todas as acusações possíveis. Agora nos elogiam, mais tarde nos acusam.

Contudo, a Rosacruz não se deixa, absolutamente, influenciar por nenhuma dessas condutas. Seus alunos servem ao governo de Deus e trabalham juntos para uma total revolução espiritual. Somos antidialéticos e tão radicais quanto é possível alguém sê-lo. Todo radicalismo na dialética desfaz-se em nada ante o radicalismo do verdadeiro cristianismo vivo. A Hierarquia de Cristo é um grandioso organismo vivente que – compreendamo-lo bem – não é deste mundo, mas está neste mundo para conquistá-lo. Com o passar do tempo, alguns grupos compreenderam isso. É por essa razão que o trabalho de Cristo é encharcado de sangue.

Insistimos em dizer que todos os prós ou contras nos deixam bastante indiferentes. Aqueles que nos compreendem virão e trabalharão conosco. Aqueles que não tiverem esta compreensão, não poderão vir e trabalhar conosco. Então, o trabalho será feito sem eles, mas ainda assim, será feito para eles.

A Hierarquia de Cristo tem várias tarefas a cumprir. Em primeiro lugar, Ela estabeleceu uma Escola Espiritual para guiar os que estão prontos para a senda ascendente e despertar os que possuam a pré-memória para trilhar a senda. Esse é um trabalho de ressurreição.

Porém, mais dois outros trabalhos são também necessários: um trabalho de demolição e outro de preservação. A ordem dialética é conservada pela movimentação dos opostos. Ora, é contra a natureza dinâmica do homem submeter-se aos efeitos da interação dos opostos e isso produz uma situação extremamente dramática. É por isso que só resta uma única saída para o ser humano: seguir o caminho da ressurreição, isto é, levantar-se e retornar ao Pai. Se ele não fizer isto, seguirá, inevitavelmente, um caminho degenerativo. Então, o demonismo, o satanismo e a loucura se desenvolverão, com desastrosas conseqüências. Ao invés de uma elevação libertadora para fora da dialética, acontecerá uma expulsão da dialética para um plano de existência ainda mais baixo, para um nadir ainda mais profundo. Este nadir é, todavia, um nadir relativo, o que é perfeitamente lógico, porque se a humanidade fosse abandonada a seu destino, aconteceria um nadir ainda mais profundo e definitivo. Basta pensar nos macacos antropóides que, outrora, foram seres humanos. E ainda existem entidades que nem mesmo podem se expressar dessa maneira e que se encontram em tal estado de terrível degradação que, segundo nos parece, se acham perdidas para além de toda redenção.

Para evitar que esse fim atroz se torne o destino de todos os que continuam neste campo de vida, aplica-se o sistema do derramamento de sangue. Sempre que a humanidade ameaça afundar num nadir mais profundo, são utilizadas as circunstâncias do momento para aliviar as tensões por meio do derramamento de sangue desta natureza. Isso ocorre em primeiro lugar pela morte, como fenômeno natural, mas isto nem sempre é suficiente. Então, ocorrem diversas catástrofes e acidentes para causar mais mortes. Mas, com o passar do tempo, também não bastam. Vêm então as guerras, que tornam o derramamento de sangue mais intenso, extensivo e geral, porém ainda insuficiente a longo prazo. Quando todos os outros meios de auxílio foram esgotados, a humanidade toda é liquidada de um modo mais radical: então, somente uma revolução cósmica pode ajudar, com todas as suas conseqüências em todas as esferas da existência. A história do mundo comprova a aplicação desse método. O Logos consente que continentes inteiros desapareçam.

A época das guerras segundo o antigo procedimento já ficou para trás, e nos encontramos agora na aurora de uma grande limpeza cósmica, o imenso trabalho de demolição e de preservação, pela Hierarquia de Cristo.

Assim, vai ser demonstrado, mais uma vez, que Deus não abandona a obra de suas mãos. Esta é a razão pela qual Ele é chamado de Deus iracundo que aflige os filhos até a enésima geração, por causa da iniqüidade dos pais. Esta é a eterna lei do amor.

E, assim, podemos ver dois processos se desenvolverem, por meio da Escola Espiritual: um processo de ressurreição, que leva à salvação, e um processo de preservação, que leva igualmente à salvação. Estes processos representam a realidade das palavras de Cristo: "Eu vim para uma ressurreição ou para uma queda". É por isso que Cristo sempre foi e sempre será vencedor. Isto significa que aquele que não pode atingir a ressurreição nunca fica entregue a si mesmo, mas, para sua própria proteção, é demolido, de acordo com esta natureza, de uma maneira ou de outra, talvez junto com muitos milhões de outros.

Quando alguém pergunta: "Você pode imaginar Cristo com uma arma de fogo?" Nossa resposta é: "Não." Entretanto, podemos representá-Lo como a personificação da lei universal, à qual Ele liga nosso ser pela unidade do sangue, e essa lei, como uma lei do Reino, tem um efeito demolidor sobre esta natureza, isto é: seu efeito é ou regenerador, para uma ressurreição, ou degenerador, para uma queda. A Fraternidade Universal trabalha dia e noite a fim de vivificar para todos a primeira atividade da lei universal. Se isso não puder ser feito, e de fato não poderá sê-lo, então o restante da humanidade será colhido pela segunda atividade. E dizemos: "Graças a Deus!", porque essa queda preserva toda a humanidade de um fim pavoroso e terrível. Existe um grupo inteiro de obreiros que, quando isso se faz necessário, colabora no segundo processo ou seja:

quando o derramamento de sangue segundo esta natureza cria novas possibilidades de salvação.

O aluno que trilha a senda se colocará a serviço do governo de Deus, da Fraternidade Universal de Cristo. Assumirá o seu lugar em meio aos acontecimentos mundiais em concordância com a tarefa que lhe foi designada pelo governo de Deus. Mas alguém poderia dizer: "Estou fazendo isto ou aquilo a serviço do governo de Deus, então, ajudem-me a fazer assim ou assado. Sou um enviado, façam isto ou aquilo por mim." Porém, se um indivíduo for um aluno leal da Escola Espiritual e for-lhe dada uma tarefa, jamais dirá uma coisa dessas e permanecerá em silêncio. Ele somente poderá pedir e obter o auxílio necessário daqueles que, através da consciência, se enobreceram para a compreensão. Onde há compreensão, deixa de haver divergência de opinião. Todo o resto, tudo o que é imposto ou pressionado de cima não passa de exploração.

É por isso que a Escola da Rosacruz é uma Escola onde o aluno alcança compreensão. Somente através da compreensão pode surgir o tipo de colaboração correta. Na Escola da Rosacruz não há lugar para a fé apoiada na autoridade.

Nosso Relacionamento com o Esoterismo

Como já citado em nossa literatura, a Rosacruz trabalha para a humanidade mas não com a humanidade. Quem refletir sobre isso, compreenderá. Para aqueles que não refletem sobre isso e, portanto, não compreendem, o relacionamento com a Rosacruz será decepcionante, porque a Rosacruz não pode ser associada, em caso nenhum, ao campo de vida dialético, e nem pode ser explicada por ele. É por isso que nos consideram intolerantes ou estúpidos e tolos, ou frios e insensíveis, ou não-ocultistas e arrogantes.

Quando falamos da Rosacruz, não estamos nos referindo ao Lectorium Rosicrucianum. O Lectorium Rosicrucianum é um ponto de encontro onde o contato inicial entre a humanidade e a Rosacruz, a humanidade e a vida original, pode ser estabelecido. Por razões estratégicas, a Rosacruz parecerá, muitas vezes, seguir caminhos muito peculiares, aparentemente estranhos e imprevistos, em seu incessante esforço para fazer do ponto de contato um ponto de ligação. O público em geral ficaria bastante surpreso se conhecesse a Rosacruz tal como ela é na realidade.

Através dos tempos, muitos tentaram amoldar nosso trabalho com determinadas finalidades e até hoje isso ainda é feito. Entretanto, se houvesse real conhecimento da Rosacruz, isso jamais teria acontecido e nem aconteceria novamente. Seríamos deixados em paz como um caso perdido. Esta parece ser a situação ideal para um obreiro: em paz para poder prosseguir, impessoalmente, sem desviar de seu caminho.

Porém, existem adversários que desejam a todo custo converter os obreiros e às vezes fazem isto de forma tão gentil que simplesmente não podem ser repelidos. Também há adversários que, agindo de modo inteligente e astuto, tentam desvirtuar ou deteriorar a qualidade do trabalho. Uma grande parcela de tempo e energia podem ser desperdiçados para neutralizar os que prejudicam a qualidade, causam encrencas e semeiam sementes más. Há um lado dramático em tudo isso.

O sinédrio, ou o conselho judaico que condenou Jesus é, geralmente, pintado como se fosse composto exclusivamente dos maiores criminosos. Nada está mais longe da verdade. O conselho judaico assemelhava-se perfeitamente com o sínodo geral de nossos dias. E, certamente, não estavam representando nenhuma comédia quando rasgavam as vestes diante da infâmia que supunham encontrar num homem como Jesus. Eram teólogos formados, intelectuais, muito cultos, religiosos e autoritários.

A elite do povo judeu lá estava reunida e chamava Jesus de “agitador” porque Ele queria estabelecer um Reino que não era deste mundo. Judas recebeu dinheiro do grande sínodo judaico para tentar atrair Jesus para seu lado. Este obreiro representaria uma enorme colaboração para eles, pois visavam restabelecer o reino de Israel. Entretanto, Jesus havia se colocado à frente de um desenvolvimento religioso que não poderia, de forma alguma, ser explicado pela dialética, nem por um mundo celeste, uma esfera celeste para a qual o grande sínodo queria dirigir seus adeptos. Por esta razão, para o grande sínodo Ele representava um lobo no meio do rebanho, um tremendo perigo e também um louco, pois não se colocava a serviço da Igreja.

Mais tarde, Mani procedeu do mesmo modo que Jesus. Durante anos Agostinho havia buscado o Reino do qual falava Mani. Havia pedido diretrizes, exercícios, provas: só havia recebido filosofia... Mani teve o mesmo destino que Jesus. Ele também não foi deixado em paz pelo "conselho judaico". A paz que todo obreiro deseja, que permite cultivar a vinha, não veio. Jesus, o Grão-Mestre da Hierarquia, foi um exemplo para Mani.

A realidade das palavras de Cristo é: "Não vim trazer a paz, mas a espada". É por isso que, quando a Rosacruz diz: "Trabalhamos para a humanidade, mas não com a humanidade", esta é uma afirmação ponderada.

Mas sabemos que, apesar de tudo, a hora da luta ainda virá! Ninguém escapa dela. E assim, para cada um de nós vai ser cumprida a palavra: "Nessa hora, todos serão ofendidos por causa d'Ele". Sem dúvida, muitos momentos de conflitos já foram apresentados durante a leitura dos capítulos anteriores. Porém, não houve essa intenção de nossa parte.

Existem pessoas que são deliberadamente desagradáveis por acharem isso necessário. Entretanto, não é o nosso caso. Segundo uma lei natural, a ofensa nasce sempre que os homens dialéticos são confrontados com o ensinamento universal da ordem de Deus. Por natureza, os homens dialéticos pensam de modo totalmente diferente da Rosacruz. Eles são completamente diferentes e isso provoca conflitos.

Toda a religiosidade, toda a ciência, todo o humanitarismo e toda a arte deste mundo são inteiramente explicáveis por este campo de vida dialético.

As igrejas, as universidades, as academias de arte, a literatura e os fatos dão inúmeras provas disso. As igrejas propõem dogmas. A ciência propõe hipóteses. A arte, normas. O humanitarismo, ideais. E o resultado se confirma nos fatos. Em todo lugar, descobrimos o mesmo fundamento, a mesma esperança, a mesma expectativa:

Isso ainda deve acontecer. Isso está distante.

Isso ocorrerá no futuro. Estamos pesquisando, estamos buscando.

Vamos conquistar isto, vamos realizar aquilo.

Baseadas nestas esperanças e expectativas, desenvolvem-se várias hipóteses de trabalho. Tudo isso retrata o homem em seu esforço cultural, o homem instigado pelo desejo insaciável de obter o que não possui. Entretanto, a Hierarquia diz:

Isso não virá, porque já é!

Isso não está distante.

Isso não ocorrerá no futuro.

O reino de Deus está dentro de vós.

Está em vosso campo de vida microcósmico.

Na vida dialética não podemos construir nada que, cedo ou tarde, não seja demolido. É por isso que nada aqui é absoluto: nenhuma verdade é absoluta; nenhuma forma é absoluta; nenhum método é absoluto; nenhuma ligação é absoluta.

Sempre que a cristalização natural se demonstra em todas as verdades que o homem pensa que possui, quando elas se mostram no seu corpo físico, em seu modo de viver, em suas afeições, ele se torna mais e mais uma caricatura, a vida se torna um inferno e o homem se torna um corpo sem alma.

O processo de cristalização se inicia logo após os três meses do nascimento da criança.

Os homens que se tornam conscientes dessa horrível realidade decidem se afastar de tudo isto porque querem tornar-se sem forma, sem método e livres de ligações. Isso, entretanto, não passa de uma tentativa de ignorar a realidade da dialética, de fugir dela. Esta tentativa está destinada a fracassar porque a consciência dialética é incapaz de renunciar a si mesma, por sua própria força. A libertação só é encontrada quando se tem a coragem de descer às profundezas desta ordem de natureza e, diante da cristalização e da garra inflexível das forças da natureza, colocar o machado na raiz de seu próprio ser e, assim, realizar sua autodemolição, na força de Cristo.

Se encontrardes a Rosacruz autêntica, jamais sereis confrontados com nenhuma prática ou método que comumente se chama de magia. Se alguém vos ensinar um método mágico ou uma senda mágica, podeis ter certeza de que a Rosacruz estará ausente. Como fundamento de toda sabedoria, a Rosacruz apresenta uma filosofia concreta, mas os valores mágicos permanecem inteiramente abstratos. É claro que há magia. Mas quem é indigno ou ainda não se enobreceu para ela, não poderá compreendê-la. Além do mais, a magia não pode ser aprendida, não pode ser estudada, nem descrita ou esboçada. Assim que o indivíduo participa do novo reino, torna-se um mago. Magia, para ele, é então, uma faculdade sensorial. É perigoso explicar as propriedades desta faculdade a qualquer pessoa que não a possua ou que ainda não pode possuí-la. Por isso, quando alguém nos procura e, supondo que possamos responder-lhe, pede: "Conte-me como é isso ou aquilo", nos colocamos imediatamente em estado de alerta porque ninguém pode possuir a luz antes de haver atravessado o portal.

A Hierarquia irradia a verdade neste mundo. Nesta verdade há algo de fundamental que não pode ser interpretado de dois modos diferentes. Se alguém compreende este algo fundamental, a verdade se revelará para ele um pouco mais. Porém, deverá haver uma resposta por parte do aluno, não em palavras, mas em atos. Ele deve penetrar a verdade pela ação. Ora, o que ele faz, via de regra? Detém-se diante da ação e agarra a verdade por sua veste exterior na qual borda diversas interpretações, formas e métodos, e desse modo, mutila essa veste. Como realidade da Luz, a verdade permanece escondida.

É esta realidade que determina o relacionamento da Rosacruz com os movimentos esotéricos, que tentam, por meio de magia, forçar o triunfo da dialética sobre a Estática. Todos os movimentos esotéricos oferecem exercícios de magia e uma ciência mágica.

A Rosacruz, ao contrário, dá uma explicação sóbria da verdade. Essa explicação é dada de modo universal e não é interpretada dialeticamente. Os alunos são colocados diante de uma atitude de vida que está em concordância com os fundamentos desta verdade. Um aluno pode se agarrar a esta filosofia, movido pelo seu anseio por posse, mas não conseguirá manter-se por muito tempo. As exigências da Escola exortam-no a realizar a verdade no seu próprio ser e o confrontam com a escolha de aceitá-las ou retirar-se. Assim, nesta senda, ele jamais será ludibriado ou desencaminhado.

Vamos recapitular brevemente o que acaba de ser dito. Diante de nós, se apresentam dois caminhos.

De um lado, a filosofia da verdade vivente, que nos impulsiona a realizar a mudança fundamental da vida. Daí nasce o desenvolvimento do Reino dentro de nós. Isto é a Rosacruz.

Do outro lado, a erudição dos escribas e dos doutores da lei, o aprisionamento na ilusão, ou magia e exercícios. Isto é o mundo.

A Oração

A oração é algo que degenerou consideravelmente. Para muitos, tornou-se apenas um hábito que se baseia na idéia de que "se não faz bem, mal também não faz". Para outros, ela é uma prática mística que deve ser mantida, devido ao respeito religioso transmitido de geração em geração. Entretanto, ninguém mais conhece o processo da oração, como também não sabe o que acontece ou o que deve acontecer quando se ora.

Na vida protestante, ora-se muito. Alguns ministros chegam a bater verdadeiros recordes de oração. Entretanto, eles pouco impressionam a congregação, e geram, ao contrário, um sentimento de tédio ou atraem a atenção pelo seu emocionalismo. Há poucas exceções a essa regra. Uma exceção era a oração do professor A. H. de Hartog.[1] Suas preces eram justificadas, embora a congregação não as compreendesse muito e muitas vezes as achassem irreverentes ou breves demais.

1 Teólogo holandês (1869-1938)

Inúmeros são aqueles que abandonam a prática da oração porque a consideram sem sentido.

Os rosacruzes também oram. Mas para eles, não se trata de expressar um emocionalismo místico ou sentimentos de reverência. E certamente não oram por hábito. Neste assunto, os rosacruzes rompem radicalmente com a tradição. A oração dos rosacruzes apóia-se no conhecimento de um processo consciente, pois a oração é uma invocação mágica e todas as orações sempre são atendidas, mas não no sentido em que a grande massa imagina.

Quando oramos, pensamos, queremos e desejamos. Portanto, trata-se de uma atividade que envolve totalmente o triângulo de fogo humano e que conduz a uma criação. Quando oramos, desejamos algo que alimentamos a partir de um determinado pensamento, que sustentamos com um determinado sentimento, e que dinamizamos com um impulso para a atividade. Tudo isso se liga ao nosso sangue, e é selado pela palavra proferida. Isto é o *fiat* criador, a oração mágica. Este processo pode ser analisado cientificamente e é fácil compreender que a qualidade de nossa oração, a natureza dos nossos desejos, dos nossos motivos, da nossa mentalidade, do nosso estado psicológico, em uma palavra, do estado de ser do momento, é que determinam o resultado da oração.

É impossível não haver um resultado, porque nossa invocação mágica viaja como uma força, como uma vibração, como unidade criadora, para uma região determinada, que corresponde à qualidade da oração. A oração atrai várias forças dessa região e o resultado estará em absoluta concordância com ela. Se o homem invocar Deus, Cristo ou o Espírito Santo, partindo de seu estado primitivo inferior, impulsionado por um desejo egoísta, atrairá forças equivalentes, egoístas, evocadas pela magia negra inerente à sua oração. Ele terá invocado o deus desta natureza, a força de sua imaginação primitiva e é esse deus que reage. Desta forma, sempre há uma resposta para cada oração, embora não esteja sempre de acordo com o nosso gosto e intenção. O bem conhecido mandamento nos adverte contra esse tipo de magia: "Não farás para ti imagem esculpida, nem figura alguma do que há em cima no céu, nem embaixo na terra, nem nas águas debaixo da terra".

Quando oramos surge um cone ou uma pirâmide que vibra e se colore de acordo com a nossa qualidade interna. Portanto, a oração é algo que pode ser extremamente perigoso, porque todas as preces não compreendidas se voltam contra nós. Uma magia como essa sempre resulta na obtenção de algo inesperado, ou até no contrário do que se esperava. Na prática, muitas vezes ocorre que, primeiramente, estragamos as coisas e depois nos colocamos em apuros e então, quando não vemos mais solução para essa situação difícil que criamos, começamos a orar: "Ó Deus, ajude-nos". A simples invocação "Meu Deus!" se volta contra nós. Deus não é servo de nossa condição natural primitiva e animal. Assim fica claro o quanto essa magia é indesejável.

Chamamos especial atenção a respeito da magia da oração praticada na Igreja Católica Romana. Através da oração, essa igreja tem conseguido e conservado muita coisa. Reza-se ao deus natural da citada igreja, à sua hierarquia situada no além, mas não ao Senhor de toda Vida e à Sua Hierarquia. Daí ocorre que se faça uso de toda espécie de livros de orações pré-formuladas para assegurar, custe o que custar, a união entre as massas e o deus romano. Com esta finalidade é mantido um grande panteão de santos. Aos crentes são prescritos vinte e cinco pai-nossos, contados no rosário. Com estas formas e práticas de oração se conduz a pessoa que ora a uma grande intensidade de oração. Desse modo são invocadas as organizações romanas do além, mantendo, assim, a coesão do rebanho.

Isso também faz pensar nas orações para os mortos, onde são usados sistemas de "cartões *in memoriam*". Estas orações perturbam seriamente os mortos quando estes eventualmente tentam livrar-se do domínio da igreja porque tais preces têm o efeito de revivificar o sacramento da extrema-unção.

Os sacerdotes incitam a massa religiosa a orar freqüentemente. E compreendemos o motivo: a magia do culto, os sacramentos e a magia da oração destinam-se a manter a unidade da igreja. O leitor compreenderá facilmente o quanto esta magia é dialética e como a oração é assim rebaixada.

Como dissemos, também no protestantismo se ora muito. Porém, devido à dissensão entre as várias igrejas, ele não possui nenhuma hierarquia, nenhum prolongamento no além, ficando à mercê de numerosas forças da esfera refletora. A hierarquia romana é ativa nesse campo, com mais sucesso do que se pode imaginar. As garras romanas também se encontravam presentes no Sínodo Geral!

Em geral, o homem dispõe de quatro motivações que o impelem à ação, com o fim de manter a sua natureza dialética autoconservadora: o amor, a riqueza, o poder e a glória.

Por esse amor, ele é impulsionado à vida sexual, a só viver para sua raça, sua linhagem, seu povo, sua família, seu lar, sua própria pessoa, seus filhos, seus bens.

O desejo de riqueza exterioriza-se, por exemplo, pelos esforços que faz para ganhar dinheiro, assegurar seu conforto para os dias de velhice, garantir sua aposentadoria, dedicar-se a diferentes estudos, pelo desejo de satisfazer suas ambições e de ver os filhos subirem na escala social.

Seu desejo de poder se manifesta, entre outros, pelo esforço em se sustentar, pelo desejo de impor respeito, pela maneira com que ele tenta atingir os objetivos visados por todos os meios, pela ilusão de querer ser "alguém" na vida.

Seu desejo de glória se exprime, por exemplo, pelo enorme valor que atribui aos vários acontecimentos históricos de seu país, pelo alto apreço que ele tem pela glória militar, ou pelas condecorações e honrarias, seja no esporte, na arte, etc.

As orações dos homens estão inteiramente sintonizadas com esses desígnios. Devemos acrescentar ainda todas as espécies de misérias dialéticas, dentro e fora do homem, que o impulsionam, angustiado, a orar simplesmente em favor de sua própria conservação.

Tudo isso não tem o menor valor para o homem mais compreensivo e espiritualmente mais adiantado. Ele ora para o bem-estar espiritual de seu ser. Porém, sua oração tem por objetivo o bem-estar da humanidade e brota do altruísmo e não do egoísmo. Ele ora: por amor, que abrange a tudo e a todos; por riqueza, a fim de que ele possa servir em verdade, pela plenitude de uma posse interior; por poder, a fim de ajudar a libertar a humanidade de sua angustiante miséria; por glória, a fim de voltar a acontecer que, pelos seus atos, sua vida anuncie a glória de Deus.

A verdadeira invocação mágica, a oração do verdadeiro aluno, está submetida à lei de jamais solicitar alguma coisa para si mesmo. Trata-se de total rendição ao mandamento divino: "Buscai primeiro o reino de Deus e a sua justiça, e todas estas coisas vos serão acrescentadas". É a auto-rendição à direção divina, numa total confiança, em completa fé.

Além disso, o aluno compreende que a qualidade e a força de suas orações dependem de seu próprio estado interno, de acordo com a sua consciência, sua alma e seu corpo. É por isso que ele vive a vida com toda a força que está presente nele.

A Bíblia

Os rosacruzes consideram a Bíblia como um compêndio da vida. Os rosacruzes clássicos testemunham, na *Confessio Fraternitatis Rosæ Crucis*: "Aqueles que fazem deste único Livro o fio condutor da sua vida, o objeto mais sublime da sua aspiração ao conhecimento e à representação do universo, estão muito próximos de nós e são nossos perfeitos semelhantes"[1]. Reconhecemos a Bíblia como a expressão do Ensinamento Universal. É por essa razão que este santo livro está sempre aberto em nossos templos e constitui um de seus focos espirituais. Que essas informações sejam suficientes para comprovar em que alto apreço temos esse livro.

Convém, entretanto, procurar a resposta à pergunta: em que se baseia este apreço? Esta pergunta é vital, pois muitos desejariam ler e compreender a Bíblia, mas não podem fazê-lo por diferentes razões, como por exemplo, em conseqüência da natureza e da influência da crí-

1 Rijckenborgh, J.v., *Confessio da Fraternidade da Rosacruz*, São Paulo, Lectorium Rosicrucianum, 1987, p.10.

tica moderna histórico-materialista, do caos que surgiu no pensamento e nos sentimentos dos crentes, decorrente da falta de compreensão ao lerem a Bíblia, da maneira de agir dos teólogos, e das mutilações que os textos originais sofreram.

Além disso, muitas pessoas se perturbaram com o que leram em outros livros sagrados porque ficaram com a impressão de que certas passagens bíblicas foram tiradas desses livros. A massa é forçada a perder contato com a Bíblia por causa da atitude dos teólogos que têm a pretensão de conhecê-la e compreendê-la e que, com base nisso, se atribuem o direito de interpretá-la. O raciocínio do teólogo é: "Sou capaz de ler a Bíblia na língua original e a teologia é uma ciência universitária". Estas são as razões nas quais fundamentam seus títulos e seu direito de serem autoridades em exegese bíblica.

A maioria das críticas contra a Bíblia é, na realidade, dirigida contra esta ciência bíblica. Muitas dessas críticas, assim como a refutação que elas provocaram, eram corretas e isso é sentido nos círculos teológicos. É por isso que existem tantos grupos teológicos e escolas que se combatem uns aos outros até a morte. Também é isso que faz com que prevaleça periodicamente uma nova teologia que se ocupa de uma nova tendência de pensamento.

O teólogo suíço professor Karl Barth se tornou popular e, na Holanda, o professor Kraemer. Durante os últimos anos, todos estavam tão envolvidos com a luta teológica e essa luta estava tão profundamente arraigada no povo, que a própria vida havia sido totalmente esquecida. A igreja estava se transformando cada vez mais na igreja dos pastores e, sem dúvida, não era mais a igreja do povo. Todavia, o professor Kraemer tem conseguido neutralizar, em parte, o domínio da igreja pelos pastores, voltando-se para o público. A base desse trabalho é o desconhecido senhor da igreja e a Bíblia desconhecida. Os teólogos litigiosos que perceberam que seu domínio sobre o povo estava enfraquecendo, ficaram com medo diante do grito do pós-guerra: "Abaixo as máscaras, senhores!" Assim, se uniram aos esforços atuais do clero para restaurar a popularidade da igreja. Mas seus esforços são inúteis e seu único resultado é adiar o desmascaramento.

Com a instigação do professor Barth, a teologia dialética tem sido utilizada nos últimos anos. Esta teologia é inspirada na filosofia de Hegel, que enfatiza que tudo neste mundo está sujeito à lei do nascer, crescer e morrer. É por isso que também falamos de ordem dialética.

Esta teologia dialética afirma que, conforme as circunstâncias, o ponto focal deve ser transferido para outros aspectos da teologia, a fim de que, desse modo, possa estabelecer contato com a natureza da psique popular do momento. Isto significa que hoje se exige um profeta, amanhã um sacerdote, depois de amanhã um culto, no dia seguinte uma manifestação social do Evangelho, em seguida, a volta de Cristo, etc. Portanto, de acordo com essa teologia, é preciso uma adaptação inteligente às respectivas necessidades, à situação psicológica do momento. E assim, como numa roda que gira, cada raio se encontra, alternadamente, uma hora em cima, outra hora embaixo... Não há dúvida de que tal teologia seja uma fraude e é fácil compreender que tamanha deslealdade só pode causar uma grande rejeição.

Negamos que um teólogo, simplesmente por sua formação universitária, possa penetrar na essência da Bíblia. Naturalmente, pode acontecer que um teólogo também conheça e seja iniciado no ensinamento universal, ou que precise agir nessa qualidade como enviado entre pagãos. Lembremos aqui o professor A. H. de Hartog, detestado, desonrado e ofendido por seus colegas.

Também é possível que um teólogo seja, ao mesmo tempo, um místico, um verdadeiro crente, um homem de coração ardente e devotado que se dedica de coração e alma à sua congregação. Ele se coloca, cheio de respeito e devoção, diante de seu Deus e confessa plenamente sua fé, mas como alguém que não compreende, como alguém que somente serve. Para sua comunidade, e devido a seu ardente humanitarismo, ele realmente é um pastor. Entretanto, sua qualidade de teólogo não tem o menor valor. Este homem seria exatamente o mesmo – isto é, um pastor eficiente – mesmo que fosse muçulmano ou Habacuque, o curandeiro.

Cristo disse: "Amarás ao Senhor teu Deus de todo o teu coração, de toda a tua alma, e de todo o teu entendimento". Pode-se pensar que entendimento se refira, talvez, às capacidades cerebrais de que o homem biológico dispõe, à sua instrução universitária, ao seu conhecimento enciclopédico. Mas aí está o ponto fraco: certamente não era este desenvolvimento intelectual que Cristo intencionava.

Provavelmente não será necessário formular com mais clareza a nossa posição: nenhum aluno fundamentará sua opinião sobre a Bíblia com base em interpretações teológicas ou eclesiásticas, ou ainda sobre interpretações eclesiásticas do cristianismo.

Os rosacruzes clássicos ensinam que a Bíblia, na inatacável essência de sua sabedoria, é uma manifestação do ensinamento universal, muito embora esse livro, em particular o Velho Testamento, seja um exemplo flagrante do modo extremamente refinado e assustador pelo qual, em todas as épocas, as forças tenebrosas têm abusado das mais sublimes verdades divinas, misturando-as e ligando-as com mentiras e falsificações. Assim sendo, a Bíblia não é o próprio ensinamento universal, mas ela dá um testemunho da vivente verdade de Deus.

A *Confessio Fraternitatis Rosæ Crucis* diz que o ensinamento universal desceu com Adão. Isso indica a força divina libertadora que se manifesta como o Espírito Santo. Este Espírito Santo se manifesta através de todos os tempos, de diferentes modos, através da sagrada escritura. Os livros sagrados formam as vestes da verdade, são uma concessão dialética feita à humanidade decaída e neles o Espírito Santo se torna uno conosco. Entretanto, é possível profanar e mutilar essas vestes de todos os modos – e é isso o que se faz. Mas a quintessência por detrás das vestes jamais poderá ser violada – e é o que importa. Da mesma forma, pode-se atacar um homem em sua forma manifestada mas o que espiritualmente ele possui e irradia é inatacável.

Agora o aluno pode compreender a unidade da linguagem sagrada. Todos os livros de sabedoria da humanidade formam um único método progressivo de revelação. É por isso que há muitos pontos em comum nesses diferentes livros, bem como inúmeras divergências entre eles, explicáveis pela progressão da manifestação. Devemos sempre levar isso em conta.

É inevitável que a criatura humana, totalmente dialética, seja iludida pela forma dialética de manifestação, isto é, pela aparência externa. É por essa razão que a Bíblia nunca pode ser destinada à grande massa. Mesmo em suas puras vestes ela é incompreensível para aqueles que não estão enobrecidos a ponto de entendê-la. Para eles, Ísis permanece velada. Quando as vestes são impuras, as conseqüências são ainda mais graves.

A Bíblia também pode ser encarada como uma obra cultural, do mesmo modo que se pode tomar como base de cultura qualquer outro livro importante ou forma de arte ou ciência. Entretanto, esta base cultural, assim como a cultura que sobre ela venha a se apoiar, jamais possuirá aspectos libertadores. Por isso é que somos absolutamente contrários ao uso comum da Bíblia e, especialmente, ao uso popular que está na moda nos círculos esotéricos, onde procuram ensinar e provar tudo pela Bíblia, como se ela pudesse ser moldada como cera.

A Bíblia só pode ser compreendida pela Escola Espiritual e por aqueles que recebem um ensinamento espiritual, isto é, por aqueles que são ensinados pelo Espírito. Mas esse ensinamento só é obtido por meio de uma mudança total de vida, em conformidade com as normas da Escola Espiritual e sem qualquer intermediário entre Deus e o homem e, portanto, sem a intervenção de qualquer hierarquia religiosa, sem igreja e sem sacerdócio. Somente então é possível penetrar até a verdade, a verdade vivente. Só então Ísis será desvelada e a Bíblia se tornará o coroamento de nossos verdadeiros estudos, um meio, um foco para se aproximar da verdade vivente.

O Espírito Santo não só revela a Linguagen Sagrada, mas também envia seus servidores que, impessoalmente, despertam o homem para que se torne apto a ler a sagrada escritura independentemente, à luz de um conhecimento de primeira mão.

A Rosacruz Áurea

E assim chegamos ao capítulo final deste livro. Embora tendo consciência de que não fomos completos – pois ainda resta muito a dizer e esclarecer sobre a filosofia gnóstica universal moderna – esperamos que tenha sido possível atrair vossa atenção para alguns dos seus aspectos mais importantes. Consagraremos este último capítulo à Rosacruz, dando uma idéia do que ela é, do que pretende e do que realiza.

Preferimos falar de uma filosofia gnóstica moderna porque somente através das atividades da Rosacruz moderna é que podemos falar, de modo justificado, de uma filosofia verdadeiramente gnóstica universal. Era preciso realizar uma extraordinária transformação – e ela só poderia ser feita gradualmente. Os primórdios dessa transformação datam de 1935, depois de um período de preparação que remonta, aproximadamente, ao ano de 1925. Podemos dizer que o trabalho começou a se tornar visível a partir de 1945, de modo que se tornou cada vez mais possível apresentar ao mundo a filosofia gnóstica universal purificada. Em agosto de 1964, depois de 40 anos, o grande trabalho foi realizado.

Assim, tomais conhecimento da Rosacruz e de sua tarefa em um período em que ela está realizando uma revolução espiritual: primeiramente no interior e depois com força sempre maior, exteriormente. Por que é necessária esta revolução no interior do campo de trabalho da Rosacruz? É necessária por causa das leis fundamentais da verdadeira franco-maçonaria espiritual, por causa das leis da arte real. Efetivamente, uma idéia libertadora e purificadora não pode simplesmente ser irradiada do alto para o mundo. Antes dela, é preciso que haja um intenso processo de preparação, a fim de que, quando a idéia chegar, ela possa estabelecer imediatamente uma ligação com o sangue de muitas pessoas, e assim, por intermédio delas, influenciar toda a humanidade. Portanto, é questão de "reconhecer o Senhor quando Ele chegar".

Primeiro, o campo precisa ser arado e totalmente preparado para que possa receber a semente. Todas as idéias que não observaram essa lei de preparação através da ligação de sangue fatalmente se perderam e não deram nenhum resultado. Se quisermos conseguir uma colheita, será indispensável que antes façamos o esforço necessário para executar as tarefas mais pesadas e, muitas vezes, as tarefas mais desagradáveis. Isso nos lembra a peça teatral de Charles Rann Kennedy, *The servant in the house* (O servidor da casa). Enquanto o bispo de Lancashire, em sua venerável sotaina, ocupa-se, na sala, em dar expansão às suas especulativas tagarelices metafísicas, o verdadeiro servidor desce aos esgotos e os limpa.

Faz muitos anos que a Fraternidade da Rosacruz Áurea está empenhada em preparar uma nova iniciativa mundial, sempre baseada na lei que foi citada há pouco. Esta iniciativa só poderá ser manifestada quando houver chegado o tempo – e, como dissemos, quando as ligações de sangue com a humanidade já tiverem se estabelecido suficientemente.

A hora de tomar essa iniciativa já soou e o campo está preparado. Por diversas razões plausíveis, em 1875 (e até mesmo antes) a Fraternidade legou esta iniciativa à Sociedade Teosófica e à Franco-Maçonaria: é que a época de entrar pessoalmente em campo ainda não havia chegado. Primeiro, o mundo e a humanidade precisavam ser levados a um determinado estado de ser, antes que os mistérios universais pudessem cumprir a sua missão.

Quando, por volta de 1925, o grande trabalho preparatório foi iniciado, os obreiros descobriram, no Ocidente, um campo esotérico que, como se pode imaginar, estava em completa harmonia com os sistemas esotéricos do berço da humanidade ariana: a antiga Índia. Havia grande diversidade de idéias, mas, no fundo, tudo era ioga. Para diferenciar-se, uns se faziam chamar de teósofos, sufis, mazdeistas, antroposofistas ou rosacruzes, porém, todos, sem exceção alguma, praticavam métodos de ioga. Por essa razão, todos esses grupos poderiam fundir suas atividades sem nenhum inconveniente. Não se tratava de cristianismo e menos ainda de rosacrucianismo.

Os métodos de ioga concentram-se inteiramente na personalidade dialética. Dependem, por natureza, totalmente desta personalidade e afirmamos que jamais corresponderam aos verdadeiros desígnios dos líderes espirituais da humanidade.

Sob a influência da ioga – e em decorrência de suas práticas – surgiram na esfera refletora de nosso domínio de vida algumas escolas ocultistas que desenvolvem determinadas atividades que nada têm em comum com a verdadeira Escola Espiritual, a Hierarquia de Cristo. Não pertencemos e não podemos pertencer a nenhuma escola ocultista e também não o desejamos, porque a Escola da Rosacruz é de natureza completamente diferente.

Como já dissemos, os métodos de ioga concentram-se na personalidade dialética.

Eles influenciam o corpo físico, através de certas formas de ascese; o corpo etérico, por meio do sangue e das glândulas endócrinas; o corpo de desejo, através dos músculos involuntários e do sistema cerebrospinal; e a faculdade mental, por meio de exercícios de concentração que influenciam alternadamente os hemisférios cerebrais direito e esquerdo, bem como o cerebelo e o plexo solar.

Este treinamento pode ser feito com o emprego de dois métodos principais: o parassimpático ou teosófico; e o simpático ou antroposófico. Por meio deste treinamento, nasce uma certa consciência na esfera refletora dialética e se estabelece um contato com as escolas ocultistas que lá existem.

Esse treinamento, chamado sem razão de "desenvolvimento", sempre deve ser rejeitado e é freqüentemente muito perigoso porque desenvolve forte ligação com a personalidade dialética, já que de uma ou outra forma ela é a base para as faculdades consideradas mais elevadas. Assim, ele reforça, sempre, inevitavelmente, a ligação à roda cármica. Como os métodos de ioga não fazem diferença entre princípios positivos e negativos, eles têm causado e continuam causando milhões de vítimas. O fenômeno que conhecemos sob o nome de magia negra provém diretamente desses métodos. Agora tentaremos provar a realidade de tais afirmativas:

a) Neste campo, quando alguém precisa desenvolver certo órgão para alcançar determinado objetivo oculto, permanecerá ligado a esse órgão em todas as futuras vidas terrenas. Assim, é obrigado a naufragar ou a empreender uma tentativa de desenvolver esse órgão. Isto é: precisa tornar "a carne e o sangue" aceitáveis para a eternidade. É por isso que as escolas de ioga ensinam a doutrina da evolução da dialética. Não podem agir de outro modo.

b) Quando, em qualquer grupo esotérico, alguém aplica um método de ioga e se mostra demasiado indolente ou fraco ou apresenta uma incapacidade estrutural, logo é rejeitado. Porém, ele não poderá recuperar seu equilíbrio anterior. Ele é carregado de uma herança. Assim, herda uma hipófise desenvolvida pela metade, uma tireóide irritada, um plexo solar que já não pertence totalmente ao sistema nervoso simpático. Violentou a natureza do próprio ser dialético e terá agora que decidir como poderá se livrar desta situação.

Todo ocultismo negativo é, sem exceção, o resultado deste estado de coisas. E, como os órgãos atingidos fazem parte do organismo criador, esta característica negativa é também hereditária até a quarta geração. Por outro lado, como estes órgãos controlam processos e funções extremamente sutis, estas práticas trazem como resultado um grande número de doenças e, particularmente, de diversas formas de insanidade e tendências ao suicídio, igualmente hereditárias. Não há dúvida de que inúmeras pessoas dotadas de pré-memória são tremendamente vitimadas por essas atividades esotéricas.

c) Deve ser evidente, para um pensador lúcido, que os frutos da árvore da vida não podem

> ser empregados, simultaneamente, para o bem e para o mal. No campo de ação da árvore da vida, nada é causado pela interação dos opostos. Portanto, desde que algo possa ser chamado de bom, sabemos que temos um fruto da árvore do conhecimento do bem e do mal, e podemos ter certeza que o mal estará presente, infalivelmente. O mal ou "negro" é invocado pelo bem ou "branco". Assim, a magia branca comum do campo de vida dialético é, como resultado da lei natural, a mãe da magia negra.

Quando os motivos determinantes de um discípulo estão abaixo das normas impostas pelas escolas de ioga chamadas "brancas", ele é rejeitado. Ora, neste momento, ele já foi submetido ao seu desenvolvimento esotérico, e portanto conhece os seus métodos! Além disso, se ele for do tipo "fogo", seu egoísmo ou sua natureza criminosa o impulsionam a empreender o trabalho por sua própria conta. Assim nasce a magia negra, que aí encontra um vasto campo de ação.

A magia negativa é o resultado da tolice e da impotência, enquanto que a magia negra resulta da maldade que consegue se exteriorizar no domínio esotérico; e a magia branca empenha-se na preservação da dialética e, por isso, é a maior inimiga da humanidade.

Quando iniciamos nosso trabalho, em 1925, encontramos um movimento Rosacruz já estabelecido no mundo. Era um movimento que, fora o nome, nada possuía em comum com a Rosacruz. Este movimento só se interessava pela aplicação de métodos de ioga, com suas conseqüências. O referido movimento estava cheio de ocultistas negativos que não podiam conseguir nenhum progresso e se encontravam muito doentes. Além disso, muitos deles, de vontade perfeitamente "negra", intrometiam-se por toda parte. Finalmente, havia algumas pessoas sérias que, conduzidas por um caminho transviado, vendiam seu verdadeiro direito de progenitura por uma pretensa felicidade. Esta era a situação extremamente trágica. Todos eles também se encontravam diante de uma enorme confusão, tanto no domínio filosófico como na organização, e nessa situação deviam ser lançadas as bases do novo trabalho.

Tendo em vista todos esses fatos, gostaríamos de afirmar que nem tudo o que se adorna com o nome de Rosacruz realmente é a verdadeira Rosacruz, no sentido gnóstico universal da palavra. É possível, evidentemente, que exista uma escola de ioga que se apresente com o nome de Rosacruz, do mesmo modo que uma ordem católico-romana possa ser chamada por esse nome.

Porém, estamos falando em nome da Fraternidade da Rosacruz Áurea, e vos aconselhamos a vos manterdes atento à sua assinatura filosófica, gnóstica e universal. E, para prestar-vos um auxílio nesse sentido, esclarecemos o seguinte: o método moderno da Rosacruz Áurea, que só é moderno quanto ao seu lado prático, é fundamentalmente o mesmo dos cátaros, maniqueus e siddhas. Ele é identificável, principalmente, pelo fato de não lhe ser possível fazer nascer uma legião de pessoas negativas, falhas, enfermas e fracas.

Encontramos, em nosso campo de trabalho, pessoas que realmente trilham o caminho e que, sem exceção alguma, são bem sucedidas. Ao lado delas, vemos outras que não trilham o caminho e que, no entanto, não podem, de modo algum, sofrer danos com o método aplicado na Escola. O método da Rosacruz Áurea jamais se baseia na personalidade dialética. Portanto, como nenhum órgão da personalidade dialética é cultivado por esse método, nenhum aluno pode ser prejudicado ou abandonado a si mesmo, em um estado de semidesenvolvimento.

Nosso método não adota também nenhum sistema de exercícios. O processo não se baseia na cultura da dialética, pois a Rosacruz Áurea sabe que "a carne e o sangue não podem herdar o reino do céu".

É justamente por essa razão que a Rosacruz Áurea se ocupa em fazer o aluno celebrar a sua despedida da personalidade dialética, guardando-o da estupidez de impedir esse processo de libertação por qualquer forma de cultura desta personalidade.

O método pode ser esboçado mais ou menos assim:

O núcleo espiritual central, a mônada, está ligado a uma personalidade que não faz parte do plano de Deus. As formas originais do espírito, da alma e do corpo, continuam a existir, porém só potencialmente. O aluno é inflamado na idéia do verdadeiro homem divino de um modo filosófico-cristão. Esse batismo filosófico se relaciona com sua pré-memória e torna-o cônscio de que: *ex Deo nascimur*, de Deus nascemos.

Em seguida, o aluno é confrontado com uma atitude de vida baseada neste estado de ser "inflamado em Deus", como se o seu ser dialético fosse já a verdadeira forma. E, dessa maneira, o aluno é impelido a viver pessoalmente as palavras de Paulo: "Não que já a tenha alcançado, ou que seja perfeito; mas prossigo, para ver se poderei alcançar". Dessa atitude de vida não nasce nenhuma cultura da personalidade dialética, mas um fogo intenso, um declínio voluntário segundo esta natureza, por causa do desejo de se tornar um homem divino, que é tudo para o aluno. Então ele pode testificar por convicção interna: *in Jesu morimur*, em Jesus morremos.

Durante este declínio segundo a natureza, consciente e voluntário, o corpo celestial, que está potencialmente presente, cresce e é vivificado e o aluno vive, de primeira mão, a verdade que se exprime nestas palavras: "O reino de Deus está em vós". Esta sabedoria e esta experiência levam-no a testemunhar com profunda gratidão esta outra verdade: *per Spiritum Sanctum reviviscimus*, pelo Espírito Santo renascemos.

Quando chega a este estado, o aluno está, realmente, de posse de duas personalidades que se acham unidas pelo processo que denominamos mudança fundamental. No momento em que a ligação se realiza por meio deste processo, o núcleo espiritual central, a mônada, começa a romper a ligação com a personalidade dialética, por meio de um processo tríplice, em três círculos sétuplos, e transfere a consciência para o homem celeste. E assim o homem dialético morre progressivamente, permanecendo somente o homem celeste.

No momento em que a figura celeste pode ser vista no microcosmo, a morte, em princípio, já foi vencida. Então, o desaparecimento da personalidade dialética pela morte será um mero incidente e já não precisará acontecer uma nova manifestação, uma nova personalidade dialética.

Como coroamento desse método todo, o homem se torna imortal. Ele possui de novo uma verdadeira forma espiritual, uma forma psíquica e uma forma corpórea e poderá exprimir-se em todos os domínios da matéria e do espírito. Assim, ele ingressa nas fileiras da Hierarquia de Cristo, como um co-edificador, como um rosacruz áureo.

É assim que, durante a nova era, determinado grupo da humanidade será levado à libertação. A separação está ficando cada vez mais nítida. Neste sentido, os irmãos da Rosacruz Áurea agem na qualidade de ceifadores. Todo esse processo irradia em toda a plenitude no ensinamento universal de todos os tempos, e também pode ser encontrado na Bíblia. E assim, como conclusão, citaremos um trecho do testamento espiritual dos antigos rosacruzes: "Esperamos e oramos que pondereis cuidadosamente sobre este nosso oferecimento, que examineis de perto nossa Arte, e que observeis com diligência os tempos atuais".

Glossário

Campo de Respiração: o campo de força no qual a vida da personalidade é tornada possível. O campo de ligação entre o ser aural e a personalidade. Ele é totalmente uno com a personalidade nas suas atividades de atração e de repulsão de matérias e forças necessárias para a vida e para a manutenção da personalidade. É o campo de manifestação do microcosmo.

Conhecimento de Primeira Mão: na filosofia da Rosacruz, corresponde à consciência hermética ou pimândrica; é a consciência enobrecida que tem acesso ao conhecimento, ao saber referente à total realidade do Logos, e desse modo, por uma percepção direta, sem intermediários, pode ler e compreender a oni-sabedoria do Criador.

Dialética: nosso atual campo de vida, onde tudo se manifesta em pares de opostos: dia e noite, luz e trevas, alegria e tristeza, juventude e velhice, bem e mal, vida e morte, como binômios inseparáveis, ligados de tal modo que incessantemente um sucede ao outro. Devido a essa lei fundamental, tudo o que existe aqui está sujeito à contínua mudança e desintegração, ao surgir, brilhar e fenecer. Por isso, nosso campo de existência é um domínio do finito, da dor, angústia, demolição, doença e morte.

Ensinamento Universal: não é um ensinamento, uma doutrina, no sentido literal comum, tampouco se pode encontrar em livros. Na sua essência mais profunda, é a vivente realidade de Deus; tão-somente a consciência enobrecida, a consciência hermética ou pimândrica nele pode ler e compreender a oni-sabedoria divina. Esse ensinamento ou filosofia universal é, portanto, o conhecimento, a sabedoria e a força que sempre de novo são ofertadas ao ser humano pela Fraternidade Universal, a fim de possibilitar à humanidade decaída trilhar o caminho de retorno à casa do Pai.

Firmamento Aural: ver Lípika.

Hierarquia de Cristo: a divina Hierarquia do reino imutável, que constitui o corpo universal do Senhor. Ela é também designada por outros nomes, tais como: Igreja Invisível de Cristo, Corrente Universal Gnóstica, Gnosis. Ela se manifesta também como a Fraternidade de Shamballa, a Escola de Mistérios dos Hierofantes de Cristo, a Escola Espiritual Hierofântica, a fim de auxiliar a humanidade decaída.

Igreja Invisível: veja Hierarquia de Cristo.

Lípika: a totalidade dos sentidos, centros de força e focos nos quais a totalidade do carma do homem está ancorada. O ser terreno mortal é uma projeção desse firmamento aural e determinado por ele em relação a possibilidades, limitações e natureza. A lípika representa o fardo total de pecados do microcosmo decaído.

Microcosmo: o homem como *minutus mundus* (pequeno mundo), é um sistema de vida muito complexo, em forma esférica, na qual se pode distinguir de dentro para a periferia: a personalidade, o campo de manifestação, o ser aural e um sétuplo campo espiritual magnético. O verdadeiro homem é um microcosmo. O que neste mundo, porém, se denomina homem, é apenas a personalidade gravemente mutilada de um microcosmo degenerado. A nossa consciência atual é uma consciência-personalidade e, por conseguinte, consciente apenas do campo de existência a que pertence.

Sol Espiritual: o campo espiritual original, também denominado Vulcano, que circunda e interpenetra todo o nosso campo planetário. O sol visível para nós é apenas o foco do nosso campo de vida dialético.

Apêndice

Há um tríplice princípio espiritual transcendente que, no espaço do nosso cosmo, se torna imanente e se manifesta na nônupla manifestação humana.

Esse tríplice princípio espiritual sem forma, o ESPÍRITO CENTRAL ou MÔNADA, representa:

1. o princípio diretor, a vontade divina;
2. o princípio construtor e mantenedor, a sabedoria e o amor divinos;
3. o princípio formador, a atividade divina.

O ESPÍRITO CENTRAL se manifesta na tríplice FORMA DO ESPÍRITO, a saber:

1. no espírito divino,
2. no espírito vital,
3. no espírito humano,

e é ativo através deles na tríplice FORMA DA ALMA e na tríplice FORMA DO CORPO.

Essa atividade tríplice que cobre todos os aspectos vitais do homem é ativada em perfeita unidade harmoniosa a cada impulso que emana do ESPÍRITO CENTRAL.

Os três aspectos da

Forma do Espírito

O Espírito Divino,
o espírito da vontade divina, o portador do plano de Deus, transmite seus impulsos por meio da

Os três aspectos da

Forma da Alma

Alma Racional,
ou estrutura de fogo, o sangue mental, à

Os três aspectos da

Forma do Corpo

Faculdade Mental.
Estes impulsos atingem a mente como

Substância Mental.
Isto significa que a vontade constrói a imagem mental e prepara na mente a forma-pensamento como primeiro passo na realização da tarefa.

O meio psíquico, o sangue mental, se manifesta no cérebro material como

Fluido Nervoso
que transfere a substância de pensamento do sangue mental ao cérebro material.

O Espírito Vital,
o espírito da sabedoria e do amor divinos, o revelador e o explicador do plano de Deus, o Espírito de Cristo, a luz divina em nós, transmite seus impulsos por meio da

Alma Emocional,
ou estrutura de força, o sangue astral, ao

Corpo de Desejo,
ou corpo astral, o veículo do desejo de salvação. Estes impulsos atingem o corpo de desejo como

Vibrações de Desejo,
como radiações de luz aural que preenchem o campo de respiração do homem, sua esfera aural com aquilo que é desejado (a salvação). Em outras palavras: a sabedoria e o amor compreendem a tarefa de salvação e desejam sua realização. Este desejo de salvação emana do centro do coração como força de amor servidora e se manifesta nas vibrações de luz aural.

O meio psíquico, o sangue astral, se manifesta no centro do coração material pelo

Sangue Material.

O Espírito Humano,
o espírito da atividade divina, o realizador do plano de Deus, transmite seus impulsos por meio da

Alma Consciente,
ou estrutura vital, o sangue material, ao

Corpo Material.
Esses impulsos se manifestam na

Ação,
em atos concretos.

O meio psíquico, o sangue material se manifesta na

Linfa
que alimenta e protege os tecidos e órgãos e torna o organismo material apto para a ação.

LECTORIUM ROSICRUCIANUM
ESCOLA INTERNACIONAL DA ROSACRUZ ÁUREA
site: www.lectoriumrosicrucianum.org

LIVROS PUBLICADOS PELA
EDITORA ROSACRUZ

OBRAS DE J. VAN RIJCKENBORGH	O advento do novo homem A arquignosis egípcia – em 4 volumes *Christianopolis* *Confessio* da Fraternidade da Rosacruz *Dei Gloria Intacta* *Fama Fraternitatis RC*: O chamado da Fraternidade da Rosacruz Filosofia elementar da Rosacruz moderna Um novo chamado O Nuctemeron de Apolônio de Tiana As núpcias alquímicas de Christian Rosenkreuz vol. I e II
CATHAROSE DE PETRI	Cartas A Rosacruz Áurea O selo da renovação Sete vozes falam Transfiguração
CATHAROSE DE PETRI E J. VAN RIJCKENBORGH	O caminho universal A Gnosis universal A grande revolução O novo sinal Reveille!
MIKHAIL NAIMY	O livro de Mirdad
KARL VON ECKARTSHAUSEN	Algumas palavras do mais profundo do ser
OUTROS TÍTULOS	O evangelho dos doze santos Trabalho a serviço da humanidade
LIVROS PARA A MOCIDADE	Histórias do roseiral A luz sobre a montanha de cristal

---

REVISTA PENTAGRAMA — Uma edição bimestral que se propõe a atrair a atenção dos leitores para o desenvolvimento da humanidade.

EDITORA ROSACRUZ
Caixa Postal 39 – 13.240 000 – Jarinu – SP – Brasil
Tel (11) 4016.4234; fax 4016.3405
Site: www.editorarosacruz.com.br
e-mail: editorarosacruz@editorarosacruz.com.br

Este livro foi impresso pela Geográfica editora
para a Editora Rosacruz em Março de 2003